ナラティヴ・アプローチによる
グリーフケアの理論と実際
人生の「語り直し」を支援する

水野治太郎 著
付・ワークショップ編
生田かおる 著

金子書房

はじめに

　グリーフケアに自らが専従するようになって 22 年が経過した。始めた最初の頃，人が人として人に接する難しさを少し分かったとき，ナラティヴ・アプローチに出会い，大きな示唆を得た思いがした。今では，喪失体験者にとって，ナラティヴ・アプローチに依拠するグリーフケアが大いに役立つのだ，との考えにすっかり虜になってしまった。もちろん，その前提というか，理論的背景ともいえる構成主義・社会構成主義をも含めてである。ナラティヴ・アプローチは人生の現実から何かを学びとるという姿勢が濃厚にみられる。そこに魅力がある。

　喪失体験者の多くは，回復可能な健康な悲嘆をもつ方であるので，セラピーが必要なのではない。むしろ人生再生への激励というか，人生再構築へのプロセスを共に歩むことが求められている。

　人生をひとつの丸い円で描いてみたとき，その円の一部に欠けた箇所ができる。それが喪失である。その欠如部分を抱えながら，人は生きてゆかねばならない。そのとき，自己のストーリーを他者に語る行為が，人生の再生に必要な営みといえる。そのことをナラティヴは教えている。

　ナラティヴ・アプローチにはじめて直面する方には，その学問的・実践的姿勢が，人文社会諸科学をはじめ，医療・看護・福祉・教育・心理等の，生身の人間に対面する臨床現場で，人間の語り・物語や相互関係性を重要視する学問的方法として，大きな影響を与えていることを知ってもらいたい。具体例のひとつは，医療現場での「患者の語り」を傾聴しようという運動である。もちろん，グリーフケア・グリーフカウンセリングの分野に

も大きな示唆を提示している。

　グリーフケアの場，すなわち「分かち合いの場」にナラティヴ・アプローチを導入するに当たり，差しあたって，次の三点に注目したい。

　第一には，「現実は多様な語りが可能であり，異なった語りが同時に共存する」というものである。これが最初の基本的メッセージといえる。つまり，起こった喪失の出来事がそのまま即，人々の語りになっているのではない，ということを理解する必要がある。起こった出来事を語る人が特定の視点から体験し意味づけて，喪失体験として独自に構成（構築）しているのである。家族間で喪失感情に違いがみられるのはそのためである。だから，語るたびにストーリーは少しずつ変化するし，語りの中には，正反対に意味づけられる，逆のストーリーだって共存している。「亡き人を恨んでいる」と言ったかと思えば，逆に「ほんとうに愛していたし，必要な人だった」と言うように……。

　語りに注目するとは，毎回の語り方に変化がみられることに気づき，そこに語り直しの糸口が潜んでいることに注目してほしいという意味である。喪失によって，遺族は亡き人からの大きな贈り物をみつけ，見えない絆でつながっていることに気づいてもらいたい。だから喪失こそ，**スピリチュアル（霊的）な感性を養う好機**となる。聴き手もスピリチュアルな感性を磨く必要がある。

　何を傾聴するかは聴き手の大きな課題となるが，悲嘆のストーリーには無尽蔵の宝物が詰まっていると理解してよい。ナラティヴ・アプローチはそのことを示唆している。

　これに対して，これまでの悲嘆への向き合い方・傾聴の仕方の特色は，語りによって喪失体験の全体を理解しようと意識してきたように思う。つまり，喪失の事実をまるごと知ること・できるだけ客観的真実を知ること

が目標ではなかったかと考える。ここに従来のグリーフケアの基本的態度がみられる。

しかしナラティヴ的傾聴法では，悲嘆することそれ自体が，主体的で能動的な行為であり，個性と独自性が控えているとみる。だから語り手によっては，毎回異なった独自のストーリーを語るのである。その語り方の変化をキャッチして，出来事の語り直しへとつないでいくことが，支援目標となる。

第二に，「問題を問題として扱い，人と問題を切り離す」という作業を初期段階に行う。ある参加者が大きな喪失による失望落胆・絶望感を抱いて参加し，不信感や恨み等を語ったとしよう。すると聴き手は，あの人は自分の人間的弱点までもさらけ出したものと不快になり，非難するのがふつうである。しかし，傾聴するためには，抱えている悲嘆の問題と人間性とを引き離すことが重要である。抱える問題が，その人の人柄・人格を露呈したものと理解すると，人間を変えるしか方法がないことになる。傾聴者が語り手のストーリーを批判しないようにするためには，問題と人間を切り離し，問題自体を扱う姿勢が求められるのである。

ナラティヴ・アプローチでは，問題そのものを扱うために「外在化する会話法」を勧める。外在化とは，問題を人間の外部に放り出す姿勢のことである。喪失の一因が自分にあると思い込んで，悔いや罪意識を背負っている人々には大いに有効である。

たとえば，「私はダメ人間なんです」という語りに接したときに，これまでは，「そんふうに考えないで……」とか「あなたはダメ人間ではないのですから……」と言ってきた。外在化する会話では，「そのダメ人間は，あなたの人生のどこまでを支配してしまったのでしょうか？」「ダメではない領域はどこでしょうか？」さらには「ダメ人間と思わせているものは，

あなたにそう思わせることで，どんな得をしているのでしょうか？」「それに対抗するためにあなたはどんな行動をとりましたか？」と質問し，問題と人間性との切り離しにかかる。成功すると語り手は，問題に自分のほうからじっくりと向き合えるようになる。

これらの質問法は，グリーフケアの初期段階にある，今まさに苦しんでいる人にぶつけるわけにはいかない。初期段階では，まずは傾聴によって悲嘆を共感して，ゆっくりと痛みに向き合いながら，少しゆとりが出てきたときを見計らって質問してみる。質問されるたびに，語り手は，問題自体を聴き手と共に，客体視できるようになる。つまり自分の問題を外側からみられるようになる。これが自分の視点から離れ，別の視点にもたてる機会を提供する。

第三は，体験の語り直し，つまり独自のストーリーを深めると共に，物語的真実に目覚めるように支援する。

喪失体験の語り直しまでサポートできることが，グリーフケアの支援目標だと考える。語るうちに自然に語り直しが進むケースもあれば，他者からの助言で視点を変える場合もある。「あの医師のドクハラによってこころに傷を受けた」と率直に語っていた人が，多くの参加者と交流するうちに変化して，「あの担当医も悪気があったわけではなかったのだ。務めを忠実に果たそうとしてあんなことを言ったのだな」と，医師の立場を理解するようになられた。喪失の痛みが軽減され，懐かしい思い出に変化した。こんなふうに，強い不信感や絶望感を抱いていた人が，まるで人が違ったように明るく語ることがある。喪失は，結果において人間的成長・成熟に深く関わることがある。だからといって人間性を変えることを目標にすることは間違いである。問題と人間を切り離すことが悲嘆に向き合わせ，さらに結果的に，愛する対象が存在しなくても，なお生きていくことができ

る「新しい人間」へと成長させるのである。

　そんなとき，語り手のこころには，質の高いひとつの成熟した物語が生まれつつあるといえる。それを「物語的真実」という。その人のこころを安定させると同時に，周囲の人々をも納得させる力をもった物語が誕生する。それは万人を納得させるような歴史的・科学的真実とは異なるもので，他者に押しつけるようなものではないが，自分を癒し他者を癒す力をもった独自の内容を備えたものといえる。

　傾聴者がそこまで支援できると，自己自身の成長・成熟にも大きく貢献することになる。グリーフケアにおける「分かち合いの場」は，そういう意味で，結果において，関係者の人間を磨く「霊場」ともいえる働きがみられる。外在化する会話等によって，ナラティヴ・アプローチは，問題と人間性とを切り離して進める会話であるために，人間・人間性とは正反対の位置にあると思われているが，実は結果において，予想外に近くに位置していることを体験的に知って，臨床人間学という専門に志をもった人間として，グリーフケアの実践に大きな喜びと感謝をもって日々取り組んでいる次第である。

　人の人生には，「得ること」と「喪うこと」が必ず伴う。「得ること」とは，知識や経験のほかに，大切な家族を得ること・仕事を得ること・友人，そして住まう家と土地を得ること等がある。

　反対に，「喪うこと」には，転校によって友人・知人を喪う，離職・倒産・リストラによって仲間を喪い，なじんでいた仕事を喪う，仲違いによって親友を喪うこと等もある。入試の失敗によって将来への不安を抱える。病気によって健康への自信を喪うが，生命を危機にさらすこともある。災害（天災・人災）によって大切な人を喪い，故郷を喪失することもある。病による死別は誰もが経験するものである。そのたびに，子どもたちは孤立感

を深める。こころのケアが求められる。

　そんなとき，人が人として真摯に向き合ってくれるのは，ありがたいことである。多くの人々のグリーフケアの実践を通じて痛感したことは，共通の体験者との連帯感の重要性であり，相互の支え合いである。人が弱ったとき・困ったときに，上からの目線で指導・助言されるのは，主体性や能動性を奪われる思いがして，サポートを受けることにためらいがちとなる。しかし，同じ目線で支え合うサポートには，安心感があり，自信にもつながる。先に述べたように，円の欠如部分がまるでアンテナの役割を果たして，他者につながる。そこから人生の再生が開始されるのである。そしてその再生とは，人生全体の再創造にもつながるものである。

　喪失以前には，社会貢献する自分の姿を想像すらできなかった人々が，ボランティア活動に専従されるようになる。他者のこころの痛みに真摯に向き合うようになる。なんという変化であろうか。まるでアイデンティティが激変したかのように変化が起きる。震度7くらいの激震を体験された方が，不安や葛藤・無力感・不条理感を乗り越えて，広い公共性の空間に居場所を探し出し，仲間をみつけ，他者支援の実践に励まれる。

　人のこころが生きる意味に目覚めるには，幸福を満喫している状況（日常性に埋没）ではむずかしい。たとえ一時的に目覚めても，やがてマンネリ化してしまう。眠っている人生に，突然，喪失体験が襲い，苦しみもがきながら，新たな意味探しが始まる。悲嘆にあえぐ人に近づき，寄り添いながら，新たな意味探しのお手伝いをすることがグリーフケアである。脱構築・脱意味空洞化・脱マンネリ化，それはまた「スピリチュアルケア」に相当するものといえる。

本書では、過去何年にもわたって、麗澤大学オープンカレッジをはじめとする市民対象の「グリーフカウンセリング講座」を共に担当してきた、臨床心理士の生田かおる氏のお力添えをいただき、ワークショップ編として「ナラティヴ・アプローチ実践のためのエッセンスを学ぶ」を収録することができた。臨床現場で日々実践に努めている生田氏の寄稿はまことにありがたく、感謝する次第である。

　本書を通じて、人が人として人に接する重みを感じ取ってくださり、不幸・災難と思っていた喪失体験が、ナラティヴ・アプローチを駆使することにより、互いの人間的成長・成熟につながる営みへと昇華することができる、との理解を深めてくださればまことに幸いである。

2017 年 5 月 10 日　水野 治太郎

はじめに ——————————————————— 1

第1章 グリーフケアの目標 12
語りに寄り添う

1 グリーフケアの目標 ————————————————— 13
　悲嘆主義とナラティヴ・アプローチの支え合い
　グリーフケアの定義

2 語る意味を考える ————————————————— 20
　（1）容易には語れない悲嘆　（2）安心して悲嘆の感情を表出し，自己の居場所をつくる　（3）語られるストーリーは多義的で，全体の中の一部でしかない　（4）語りは自分の世界を構築・再構築する行為である　（5）語りの社会的意味

3 喪失体験者の語りに寄り添う意味 ————————————— 28
　（1）悲嘆する行為に寄り添う　（2）語りの傾聴法—キーワードを重視する　（3）グリーフケアは人間について新たに学ぶ機会となる　（4）こころの痛みをもつ人々に向き合う臨床現場の意味　（5）喪失後の人間的成長・成熟（Posttraumatic Growth）の視点

4 グリーフケアへの疑問 ————————————————— 40
　悲嘆の傾聴は誰でもできることか？　自分の健康にも悪いのではないか？
　【問1】への回答　【問2】への回答　【問3】への回答

5 まとめ ————————————————————— 46

第2章
グリーフケアの公共性　48

1. 悲嘆を語る・聴くことの公共性 ―― 50
   (1) グリーフケアが公共する　(2) 地域で支えられる　(3) 新しい公共性
   ――参加しない人への配慮　(4) 自殺対策基本法に学ぶ

2. 安心安全な地域づくりのための活動 ―― 56

3. グリーフ教育の具体的な内容 ―― 62
   (1) 子どもへのグリーフサポート　(2) おとなへのグリーフ教育
   (3) グリーフ教育の要点　(4) グリーフケア従事者への教育

第3章
ナラティヴによる
グリーフケアの実践　82

1. 自然主義的な語り ―― 84
   (1) いのちには限界があり, 寿命には従うしかないという考え　(2) 自然主義的であることの欠点　(3) ナラティヴ・アプローチへの道筋

2. 人生のリ・メンバリング ―― 91
   (1) 人生回顧と人生仲間の再発見　(2) 母の自死で人生を絶望したトーマス　(3) このセラピーから何を学ぶか

3. ナラティヴ的傾聴法 ―― 98
   (1) 悲嘆主義は涙の分量を量り, ナラティヴは語りの中に光を見いだす
   (2) メタファアー（隠喩）探し　(3) 子どもの自死に苦悩する母親の事例

第4章 問題を外在化する意味と実践法 112

1 外在化する意味とねらい ──── 114
　(1) 内在化することとの違い　(2) 外在化する理由

2 グリーフケアの場面で使える外在化する会話法 ──── 120
　(1) 問題を主語にしてみる質問法　(2) 外在化するものは何か

3 「もうひとつのストーリー」探し ──── 125
　(1) ユニークなストーリー　(2) 支配的物語に対するもうひとつのストーリー　(3) 対話を通じて例外を探す　(4) 行為の風景とアイデンティティの風景　(5) アイデンティティの志向性

4 まとめ　外在化のねらい ──── 139

第5章 ストーリーの語り直し（再著述）の実際 144

1 語り直しの条件　脱構築・脱定説 ──── 146
　(1) ディスコースとナラティヴ・アプローチ　(2) 悲嘆の一因となるディスコース

2 グリーフケアの中のスピリチュアルケア ──── 152
　(1) 絆というスピリチュアルな力　(2) スピリチュアルな会話　(3) スピリチュアリティの定義

3　語り直しの意味と実例 ─── 156
　　（1）語り直すことが生き残る技となる　（2）語り直しのステップを考える
　　（3）多様な語り直しの例

4　語り直しと人間的成長・成熟 ─── 167
　　（1）喪失後の人間的成長　（2）臨床人間学の視点　（3）グリーフケア従
　　事者として得るもの

参考：グリーフケアの使命を担う受講生の感想 ─── 176
　　「ナラティヴ・アプローチによる
　　グリーフカウンセリング講座を受講して」　　　　宮城県石巻市 ● 木村直隆
　　「グリーフケア従事者としての初体験の"こころ模様"」　東京都 ● 徳永幸子

グリーフケア参考文献（構成主義・ナラティヴ中心） ─── 182

付 ワークショップ編 ● 臨床心理士　生田かおる
ナラティヴ・アプローチ実践のためのエッセンスを学ぶ ─── 186
当時者の苦しさや辛さがどのように構成されるのかを理解する

おわりに ─── 224
著者プロフィール ─── 226

第1章

グリーフケアの目標
語りに寄り添う

> **本章のねらい**
>
> グリーフケアは喪失による悲嘆を抱える人々をケアする営みであるが，その目標をどこにおくかが第一の課題となる。これまで意識されてきた主たる目標は，喪失者の悲嘆に寄り添うことであった。それでは，悲嘆からの回復志向については悲嘆主義とどう関係づけるのか。それは各人の個別的目標にすぎないのであろうか。第二に，悲嘆自体の研究はようやく始まったといえるが，悲嘆のストーリーを他者に語る意味，さらにはそれを傾聴する意味については，これまで十分に議論されてはいない。ことに悲嘆を語ること・悲嘆を聴くことのダイナミックな人間的営みを，社会の場の中に位置づけるまでには至っていない。この視点を掘り下げると，現代社会の新たな課題がみえてくるように思う。喪失体験者に寄り添ってその語りを傾聴する「社会的公共的使命」については次章で取り上げる。第三の課題は，よく質問を受けることであるが，他者の悲しいストーリーを聴くことは自分の健康を害するのではないか，語る側も同様ではないか，という内容であ

> る。できるなら面倒なことは避けたいとする心理傾向がみられるのは現実である。これについては未だに正面から答えられてはいない。本章はこのような基本課題について，これまでとは異なった視点にたち，答えることにしたい。グリーフケアになぜナラティヴ・アプローチを導入するのかの主題には，本書全体で答えたいと考えているが，本章でも基本となる考えを述べることにしたい。

1　グリーフケアの目標
――悲嘆主義とナラティヴ・アプローチの支え合い

　グリーフケアの目標をどこに設定するかは，語り手にも，傾聴者にも，また社会的にも，きわめて大きな意味をもつ。これまで日本で広く実施されてきたグリーフケアの主流は，悲嘆や苦悩を肯定的に受容し，寄り添うことを専一にする姿勢に特色がみられる。これは治療や改善を主目的とするカウンセリングとは正反対の立場にたつもので，これを**悲嘆主義アプローチ**と呼ぶことにしよう。回復には長い時間を要する複雑な悲嘆も，こころの痛みの分かち合いによってはじめて痛みが軽減され，ときに癒されることがある。しかし人によっては，いつまでも喪失による悲嘆の渦中に自分を位置づけ，決して抜け出そうとしない人もいる。また反対に，悲嘆と混乱が次第に収まったとき，それと気づかぬうちに，悲嘆の語りを変化させ，新たな意味探しを始める人もいる。そんな新しい心境に変わりつつ

ある人に向かって，これまで続けてきた悲嘆主義を押しつけ「一緒に泣きましょう」というのでは，語り手の気持ちと語りに寄り添っているとはいえない。

　日本でのグリーフケアが悲嘆主義だけを絶対視しているとすれば，ケースによっては有害になることもある。たとえば経験した現実を幾度も語るうちに，必ず変化が生じる。前の語りの内容とは少し異なる視点にたつストーリーを語るものである。そんな変化がみられたとき，それが何を意味するかをまずは確認し，内容によっては，未来への手がかりとして意味づけし直す必要がある。それは物語の語り直し・書き換えである。語り直しは，新たな視点と意味づけの変化がもたらすものである。これが人生を再構築できる糸口ともなる。

　喪失の意味を検討し，ストーリーを変化させることにまで，語り手に寄り添う姿勢を，グリーフケアの第二の使命に位置づけ，それを**ナラティヴ・アプローチ**に学ぶことにしたい。ナラティヴ（narrative）は語り・語り方・物語等の意味をもつ英語であり，その方法論的基礎は，構成主義あるいは社会構成主義を下敷きにしているために，複合的で重層構造的な方法論によって成立している。本書は，この二番目の使命を最終目標に設定して，まずは黙って悲嘆のストーリーを傾聴するように努めることを重視する。第一の使命と第二の使命は，表面上は対立するようであるが，むしろ支え合う関係として，つなげてゆくようにしたい。両者は共に，喪失による悲嘆を抱える人々にとって，必要であり，相補関係にあるものといえる。両者相まってはじめて，グリーフケアを進めるうえで，大きな役割を果たすことができると考えたい。

　これら二つの異なったアプローチを用いるために，外部からはダブルスタンダードまたは合わせ技を用いるものと批評されるであろう。その必要性

は、グリーフケアの現場に身をおく人々にとっては、当然のことと理解されるものと信じているが、広く公共社会にグリーフケアとは何かと問われる場面では、第2章で議論するように、孤立化防止と支え合い、さらには

注───

1「人は生きている現実を積極的に構成し意味を作り出す存在である」という人間観を構成主義（構築主義の訳語もある）という（森岡正芳編『ナラティヴと心理療法』2008, 金剛出版, 223頁）。この構成主義は、ナラティヴ・アプローチの基礎を成す思想といえる。これについて理解する前に、われわれが身につけている過去の出来事を理解するときの基本姿勢を省みる必要がある。

　大切なものやかけがえのない愛する人を亡くす喪失体験を聴きとるとき、どうしても出来事の筋道をたどることで理解しようとする強い傾向がわれわれを縛ってしまうものである。「結局はがんで死んだのですか」、あるいは「津波に襲われ逃げ遅れたことが原因だったのですね……」と。そして「がんで亡くなる人が3人に1人、仕方ないですね」と、統計的処理にはめこんで慰めようとして、それをまた語り手にも押しつけようとしがちである。そこに抜け落ちているのは、相手が語るその人独自の悲嘆の意味と感情を見逃してしまうこと。できるだけ客観的に知ろうとするために、問題を抱える相手の独自の認識（認知）の仕方や悲嘆の感情への配慮が消滅してしまうこと。社会常識を押しつけるだけで終わってしまう。せっかく機会があって体験者の語りを聴きながら、すでに既知の一般法則にはめ込んでしまうだけで自己満足してしまいがちである。

　これに対して、構成主義あるいは構成主義的なセラピーは、相手の身の上に起こった出来事からだけで相手の置かれた状況の一切を理解するのではなく、その人の出来事への認知・認識の仕方、感情・意味づけを重視しながら、語られるストーリーを通じてその独自性・個性を理解しようとする姿勢に重点を置いている。その場合、語られるストーリーの中には、語り手・聴き手の使う言語や文化的背景・社会的常識というものがすべて、社会的産物として存在しているのである。こういう見方が社会構成主義である。

　したがって、語られるストーリーは誰が聴き手かという聴き手の独自性にも依存していることになる。聴き手のどういうストーリーが傾聴に値すると考えているかは、おのずから語り手にも強い影響を与える。相互の関係性がストーリーをつくってもいる。

　ひとつの例は、トーマス・アティッグが説いているように「悲嘆する」（英語のgrieving）行為は、すべて出来事の結果として起こっている人間の普遍的反応なのではない。その人の悲嘆への対処の仕方で、その特色は各人異なっていて、悲嘆に対処する能動性が引き起こす行為だということである。つまり泣く人もいるし、泣かない人もいる。さらに泣くことに意味を見いだす人、逆に泣かないことに意味を見いだす人もいる。悲嘆するとは能動的で主体的であり、さらにいえば社会的で関係的で、文化的行為でもあるということになる（トーマス・アティッグ著『死別の悲しみに向きあう』平山正実解説、林大訳、1998、大月書店、38頁）。

語り直しを通じて人間的成長・成熟を目標にする営みだと理解を求めたい。

悲嘆主義の欠点は，喪失による悲嘆だけに焦点を合わせがちで，亡き人からの目に見えぬ贈り物が届けられていることに注意が払われない点にある。また未来への新たな人生を開拓したいとの希望をもって参加している方々をも，失望落胆させることになりかねない。反対に，喪失の意味を深く問うことも避けて，人生の再生だけを押しつけることも間違っている。これら二つの姿勢をどう使い分けるか，ここに難しさが潜んでいる。本書ではできるだけこの点にしぼって現場での生きたナラティヴ的傾聴法を探ってみたい。

グリーフケアの場面では，来訪される方の大半は女性である。聴き手の側も女性が多数を占めている。男性が参加されるときには，感情を抑え，あえて理性的に生きる意味を問いかけたり，グリーフケアの目標を確認させられることがある。たとえば，「傷口の舐め合いをすることがグリーフケアなのですか？ 私の悲嘆が軽減する能率的な方法を教えてくれると思っていたところ，こんなことでは，かえっていつまでも悲嘆から解放されることはないですよ」と注文をつけられた。

グリーフケアの定義

以上のように，二つの目標をもつ喪失体験者へのグリーフケアの定義をしておきたい。喪失は，愛する人との死別，倒産やリストラにより仕事を失った人，災害や事故・犯罪等により財産や生活の場を喪失し，大きな悲嘆を抱え込み，人生を挫折してしまっている人々のこころの痛みに「寄り添う」ような関わりをもつ営みを指す言葉である。これが現在までの日本におけるグリーフケアの問題意識であり，また定義でもあるといえる。

グリーフ（grief）は深い悲しみを意味する英語であるが，適当な日本語

がないために，そのまま使用するのが通例となった。たとえば遺族ケアでもよいが，終末期の患者も，災害で故郷を喪った人々も，また大きな悲嘆を抱えるものとして，グリーフケアの対象に含められる。そのため遺族ケアでは意味が十分とはいえない。

確かに悲嘆を抱える人に「寄り添う」ことは，何よりも重要な意味をもつ。こころの痛みを抱える人は混乱していて，泣き叫び，非難し，怒りをもっていることが稀ではない。また物事への集中力を失っていて，呆然としていて，他者の語りに耳を傾ける余裕はない。そんなとき，激励したり，諭したり，指示したりすることは大きな間違いを犯すことになる。痛みを倍加したり，ときには恨みを買ったりすることもある。だから黙って寄り添うことが，何よりも痛むこころに恵みの時間をもたらし，安心して他者に語ろうとする意欲を引き出すことになる。「寄り添う」ことにはそんな意味が隠されている。

ところで，日本語の「寄り添う」は，母親が赤ちゃんに添い寝する意味も含んでいて，どこか母性的な響きを伴っている。看護学で頻繁に使われるゆえんでもある。しかし痛みをもつ人が女性で，支援者が男性である場合には，寄り添うポーズがとりにくい場合もある。また若い者が，年長者とか人生の先輩に向かって，寄り添う姿勢はとりにくい。

カウンセリング理論では，「寄り添う」は「こころに寄り添う」意味に転換されているが，それでも相手がこころのうちを語る前に，そのこころをすべて見通すことはできないはずである。予感があっても，判ったつもりでいることが間違いであることが多い。パターン化したり，類型化すると，ミスを犯しやすくなるものである。

むしろ相手のこころの状態を語ってもらい，それをしっかりと聴かせてもらう。不明な点があれば質問し，理解を徐々に深めながら，共感し合う

という，喪失の痛みを分かち合うような関わりのもち方が望ましいように考える。すなわち黙って寄り添うという，子どもを相手にする母性的な関わりよりも，語りに耳を傾け，人生を共に歩む同行者・伴走者的関わり方が「寄り添う」ことではないかと考える。

身の上に起こった悲しい現実を幾度も語るうちに，それと気づかぬうちに語る視点が変化し，気づかぬうちに「語り直し」が行われていることもある。「つらくて悲しい」の繰り返しだったストーリーが，懐かしさや思い出へと変化していくことがある。生じた現実の一面的理解だけで，判ったつもりでいると，この気持ちの変化や語り直しに気づかぬものである。

ドイツ語でのグリーフケアは，最近になって**"Trauerbegleitung"**(トラォアーベグライトゥング）と呼ばれるようになった。最初の"Trauer"は英語のグリーフに相当する語であるが，つぎの"Begleitung"が，悲嘆にある人に寄り添って人生を共に歩む意味をもち，そういう人を"Begleiter"(ベグライター）という。意味内容を的確に伝える表現だといえる（デニス・クラス「悲しみと慰め」［カール・ベッカー編著『愛する者は死なない──東洋の知恵に学ぶ癒し』駒田安紀監訳，2015，晃洋書房，第2章52頁］）。

以上のことから，グリーフケアでは，悲嘆のこころに寄り添うことを重視しながらも，その**語りに注目**し，悲嘆があってなお生きるに値する何かを見いだすことで，悲嘆と共存できる，あるいは悲嘆をやり過ごすための，さらには悲嘆を乗り越えることが可能な何かをみつけ出す必要がある。そのヒントは，語られたストーリーの中に使われたキーワードにある。悲しい出来事を**語り直す**ためのきっかけを見いだせるように努めることが課題となる。

もちろん最初の段階から，語り直すことを支援しようとすると，十分な傾聴はできない。最初は悲嘆への感情の共感である。悲嘆による語りは，

傾聴する者も共に亡き人への追悼のための喪の作業が目標である。涙声交じりでひたすら嘆き悲しむ声を前にして，黙って手を取り，ときに背中に手を当て，泣くことを許容することが聴き手の使命といえる。つまり**悲嘆の同行者の務め**である。

　悲嘆に同行する者は，悲嘆し絶望する人への畏敬の念をもち続けるのであるが，その中においても忘れてはならないことがある。追悼のための悲嘆の行為の中には，**喪失の意味を必死に探し求める行**とでもいえる意味が含められている。絶望感と裏返しに，無意識のうちに意味探求への必死な願いが込められてもいる。

　また悲嘆する行為は，生じた出来事にすべて由来するわけではない。むしろ出来事をその人なりに認知し，要素を織り交ぜ，その人なりに物語構成する主体的・能動的行為として理解することが必要である。現実あるいは出来事と語りの間には，その人自身の価値観や人生観がしっかりと機能している。さらに価値観を形成しているものは，広く人々が気づかぬうちに拠り所にしている社会常識等もからんでいる。

　たとえば，老いた親を亡くしたときには，介護疲れが終わったことを意味することが多いために，周囲の人から「終わってよかったね」と声をかけられ，寂しい，悲しいという感情表現を許されないことがある。幼い子どもを喪った母は，いつまでも泣き崩れていることが期待されているとの思い込みも手伝っている。それらの期待に反する行為は，非難される。夫を喪った妻が，数年経過して派手な色物を着るのをみれば，「もう忘れてしまっている」ととがめられることもある。悲嘆の感情も社会的に構成されていることがある。人々はそれに従い行動している。社会の要求に従っている自分から脱出し，自分らしい喪失の意味を見つけて，新たな**自分の世界を再構築**する必要がある。

2　語る意味を考える

(1) 容易には語れない悲嘆

　自分の愛する人が突然亡くなる、という人生の不条理を経験したとき、多くの人は、自分の悲嘆をどう表現すべきか、「語れない悲しみ」（ウィリアム・シエイクスピア）が押し寄せる。

　　「悲しみに言葉を。語られない悲しみは、いっぱいになった気持ちをひそひそ語り、心をうち砕くように命じる。それを治してくれぬか。心の病は、医者はどうにもならぬのか？　記憶の底から根深い悲しみを抜き取り、脳に刻まれた苦痛の文字を消してやる、それが出来ぬのか？　心を押しつぶす重い危険な石をとりのぞき、胸も晴れ晴れと、人を甘美な忘却の床に寝かしつける。そういう薬はないというのか？」（ウィリアム・シェイクスピア著『マクベス』福田恆存訳、1969、新潮社）

　悲嘆を言葉に表現すること自体が、痛みを伴う。だから誰にも語りたくないと考え、疎外感を深め孤立することが多い。孤立化の原因は、こころのうちを語れないと同時に、ナラティヴ的にいえば、出来事の断片をつないでゆき、因果関係を明らかにしながら、ひとつのストーリーへと導いてゆく思考のパターンが一時的に寸断されているか、あるいは感情が次々に吹き出し、未だ整理できていないことである。語りたくとも語れないのである。語る行為には多大のエネルギーが必要である。喪失がエネルギーを奪い、それまで生き続けてきたなじみのストーリーを破壊し、出来事を意味づけることができない状態に陥らせるのである。

そのために語りの場は，何も話せなくとも，黙って他者の語りを聴くだけで許される場でなくてはならない。ゆっくり時間をかけて，自己が背負った現実を見渡し，断片的でよいから，切れ端を拾い集めつないでいって，小さなストーリーに仕立ててゆくのである。それは複雑な悲嘆の感情に通路を設える手続きとなる。
　ところで，語ろうとする意欲を引き出すのは，語る当人だけの問題ではない。傾聴する者の姿勢にも深く関わっている。語ることを要求せず，語ろうとするまで根気よく待つ必要がある。このことは聴き手の課題を述べる箇所で改めてふれたい。

（2）安心して悲嘆の感情を表出し，自己の居場所をつくる
　語りの場は，黙って他者の語りを聴くだけで許される場である。しかし，語ることなしに，新たな自己を構築し，新たな居場所をみつけることはできない。

　　「私に泣ける場所を用意してくださったのですね。家では絶対泣けません。友人たちにみつかったら大変です。まだ泣いているのね，と叱られてしまいますから……」
　　「聴いてくださってありがとう。感謝します。こんなふうに自分の気持ちを自然に話せてよかったです。ここではなんでも自由に話せる雰囲気がありますね。ほんとうにこころが落ち着き，ここが私の居場所だという安心感が湧いてきました」

　また他者に語る行為は，時間の無駄であったり，他者の時間を奪う迷惑行為なのでは決してない。むしろ他者に語ることで，仲間をつくり，連帯

感を育み，社会参加につながる行為となる。倫理の原点は自分を他者に開いて，弱さをみせることであり，その行為が他者を支援する行為を生み出すといえる。つまり，助けることは二次的意味しかないのではないか。

これらのことを整理して羅列すれば以下のようになる。

① 他者に語ることで抱えていた複雑な気持ちが言葉を通じて整理される。悲嘆が悲嘆を癒すことがある。ただし聴き手が悲嘆を押しつけたり，悲嘆に固定化するのはよくない。ストーリーの変化・感情の変化・視点の変化が，いつでも誰にでも突然のように訪れるからである。

② 声を出すこと・感情を外界に吐き出すことが，肚(はら)にたまっている淀みを押し出す。

③ 言葉に表すことで社会へと感情の流れの通路をつける。

④ 表現は多様である。状況・手段も多様である。

⑤ 傍らにいて語りに関心を寄せ，その変化にも気づく人，つまり語りに一貫して寄り添う人がいれば，語りを引き出し，感情表現を豊かにできる。

⑥ 人間は関係的存在で，聴き手がいてはじめて語ることが可能。聴き手が変われば，語りも変化する。

⑦ 他者に語ることで社会に受容されていることを体感できる。地域や仲間集団と関係性を保つことができ，生きる意味を確認できる。

(3) 語られるストーリーは多義的で，全体の中の一部でしかない

科学的思考に従えば，素材を集め整理してひとつの原理・原則を探して一切を説明しようとすることになる。それは合理主義とも科学主義ともいえる。あるいはまた多様性を容認せず，画一主義のパターンに従う。しかし生身の人間には，合理主義や画一主義では捉えられない複雑さがある。

語りも多様であり，そのうえ多元的である。つまり，まったく次元の異なる語りが同時並行的に登場することがある。

　たとえば「つらいのです」「嬉しいからつらいのです。こんな私に嬉しいことが起こるなんて！」「つらいのです。彼の死は一家の犠牲ですものね。忘れられないのです。いや忘れてはいけないのです」。

　つらい気持ちがすべて否定的に解釈されてはならない。そこには肯定的意味も含まれている。単純に割り切れない複雑さが常につきまとう。これが悲嘆感情の特色といえる。

　悲嘆の語りは，そのつど，主観性の強い，その人独自の経験内容を語っている。襲ってきた出来事を語るとき，視点や価値観，さらには悲嘆感情が織り交ざったものとなる。だからこそどのような語りも意味があり，人間の生きた現実を映し出す語りになるものといえる。どこまでも畏敬の念をもって傾聴することが求められる。

　傾聴者が涙声で語る内容は，ほとんど確固とした情報ではないと見過ごしていると，大きな過ちを犯していることがある。どうしても現実の客観的認識のほうがより真実に近いとの思い込みがあるから，一時の感情に流されている語りには，真実性はないものと決め込んでしまいがちである。ナラティヴ・アプローチは，一回限りの語りにも意味を見いだそうとする方法論のことである。

　さらにいえば，身の上に起こった出来事を，一回ですべて語り尽すことは不可能である。語られるストーリーは現実のほんの一部でしかない。したがって，先回りしたり，早とちりするのは誤った判断をしがちとなる。物事には多様な側面があって，喪失体験者は，その一つひとつをゆっくりと時間をかけて語ることになる。悲嘆の感情で埋め尽くされているかにみえたストーリーにも，未来への希望が皆無とはいえない。激情が静まると，

悲劇的な語りに変化が生じる。忘れている故人のエピソードや懐かしい物語が語られることもある。

　死別は永遠の別れであると多くの人は考えてきたが，実は自己の人格の中に亡き人の人格の半分は思い出として生き続けている。亡き人への愛や思慕の情は損なわれてはいない。生きているとき以上に，故人を懐かしく，深く愛することも可能である。日本の古き習慣である，命日にお参りすること・仏壇に手をあわせることは，長い伝統が育んだ知恵ともいえる。亡き人が関心をもっていたことや趣味を引き継ぐことも可能である。多くの人々が回顧録や思い出を出版するのは，故人との関係性が決して消えてはいないことを自ら証明しようとする営みといえる。

　筆者は，妻と共に母が生前慈しんでいた庭の花々を受け継いで，育ててきた。仏壇に花を手向けたときには，母の笑顔が浮かんでくる。死者との絆は，形あるもの・見えないものを実際に継承すると，かえって生前よりも深められたように感じることができる。

（4）語りは自分の世界を構築・再構築する行為である

　同じ災害による被害者でも，人々の感情は決して同一とはいえない。同一家族間でも受けとめ方や理解の仕方が異なる。支援者や聴き手側は，ストーリー理解の上で，最初から多様性や多元性を織り込んでおくことが求められる。

　さらにいえば，人間は，悲惨な出来事の下敷きにされて，苦しみであえぎながらも，現実を自分の世界に引き込み，気に入った色彩をつけ，出来事を自分なりに構成（構築）しようとしている。複雑にからんだ糸を紡ぎ直して，体験した出来事を意味づけ，他者に語る。そして語るたびに，少しずつ変化をもたらし，新たな物語に変化させる。どのような状況下でも，

人は主体的で能動的であり続けようとする存在である。悲嘆の語りにも，その人間的特色が色濃くにじみ出るものである。

　語りは，自己の**居場所をつくる作業**であると同時に，幾度も語るうちに，**なじみの世界**が構築されていくという，さらに新たな人生に向けた作業でもある。そのために傾聴者は控えめながらも，ストーリーに仕立てるための短い質問を繰り返す。

　「もうダメなんです。私はまったくダメな親なんです」
　「あなたをそんなふうにすっかり思いこませてしまった，何か特別の思いなどがあるのでしょうか？」

　出来事を時間的順序に従って整理し，主題や意図に沿って意味づけがなされて，はじめてストーリーとして伝えることができる。
　喪失による悲嘆の場合には，この場合の主題や意図・筋書は英語ではプロット（plot）と呼んで重要視されるものである。
　しかしグリーフの傾聴現場を幾度も経験した者として，このプロットの語感がよくみえてこない，あるいは全く判らないことがある。ひたすら耐え忍んでいて，ただ泣いているだけ……という場合には，ストーリー性はないようにみえる。
　研究者は，たとえば，「ナラティヴとは『プロットを通じて出来事が配列され，体験の意味を伝える言語形式』である」（森岡正芳編著『臨床ナラティヴアプローチ』2015，ミネルヴァ書房，3頁）という。人はさまざまな現実を生きている。現実は一定不変ではなくて，現実を生きるその人のこころの主観に沿って，幾とおりもの現実を語ることが可能である。だからこそプロットが現実を構成しているとみるのである。

長くグリーフケアの場面で傾聴に努めてきた者として，多くの語り手に明白なプロットはないように感じる。むしろ出来事をごく自然に語っていて，静かな語り調が多い。激しい怒りをぶつけられることはあまりない。しかし，時間の経過とともに，複雑な悲嘆を少しずつ解きほぐすうちに，医療者の責任にふれたり，家族を非難したりして，語りの筋道が少しみえてくることがある。

　このような大きな喪失にもかかわらず，受動的かつ忍従的姿勢がみられるが，そうした傾向は，たとえば古来からの日本文化の特色とされてきた運命への諦めや受動性と重ね合わせると，みえてくるものがある。かつての日本の伝統的女性像もこれに近いイメージで語られてきたように考える。

　マイケル・ホワイトは，起こった出来事に忍従する姿勢を「**自然主義的**」と名づけ，それでは人生の**語りが貧しくなる**と説いている。生きた現実社会との関係性が希薄になるからだというのである（マイケル・ホワイト著『ナラティヴ実践地図』小森康永・奥野光訳，2009，金剛出版，124頁）。

　やはり，他者への語りは，身の上に起こった事態をある角度から認知し，悲嘆の感情に圧倒されながらも，出来事を自分になじむように変化させ，喪失を受け容れるための能動的・主体的な戦いだったことが後になって判ることがある。

　したがって，悲嘆行為も，出来事が悲劇的であるから当然であり，またやむを得ないのだ，というのではない。出来事をどう認識し，どう理解し，どのように受容するかということは，生じた出来事に完全支配されているのではない。人間の**能動的で主体的な認知と判断**が，プロセスの基底部分に深く影響している。目標とされることは，出来事全体の客観的認識などというものでは決してない。科学的にいくら正しくとも，人間として納得

できるかどうかが，別の問題として存在している。語る行為は，自己の生きる世界の創造であり，さらにいえば喪失した自己の再創造・再構築といってもよい。

(5) 語りの社会的意味

喪失の語りは，個人の身の上に生じたことではあっても，社会的意味を重層構造的に担っているものである。

第一には，個人が胸のうちを他者に語るということは，それがたとえ小さなグループ内の語りでも，基本において，対人関係あるいは相互の関係性を基礎にした社会関係を凝縮したものと理解できる。個人的語りも最初から社会的意味を担っている。たとえそこで語った内容を他者に漏らすことがないにしても，聴き手は，**社会のいわば代理者として傾聴する**必要がある。

第二に，喪失の悲嘆は，事故・事件の被害者を想定すれば理解できるように，生々しい社会の現実への告発であったり，社会非難になっていても，一個の人間として体感した語りになっている。語りを通じリアルに再現されるのは，生きた生の社会的現実であり，それが語り手と聴き手の間に現実に実在するのである。それが現実社会というものの実感であるとすると，聴き手は，それを無視せず，体感した社会感覚を生きたものにする責任を背負っているといえる。

第三に，語りの社会的意味として，男性の語りと女性の語りの違いを経験的に述べておきたい。性の役割の違いからか，とても大きな差があるといえる。

男性の語りの貧しさというか，単調さとでもいえる，感情を抑えた知的雰囲気には，何か物足りないものを感じてきた。それに対して，女性の語

りでは，豊かな感情を表出しながら，赤裸々に悲嘆を語ろうとされる。ときには沈み込み，ときには圧倒するようなエネルギーで迫ってくるものがある。**男性の語りの貧しさ**の一因は，社会は，あるいは人生はこんなものだと決めつけることにある。語ることで自分の気持ちが楽になることは判っていても，実際には迷惑をかけるから言っても無駄だ，感情的な話なんてみっともなくてできるか，という反応を強く感じることがある。

　一般的にいえば，女性の語りには，亡くなった人への深い愛情表現と惜別の情とが，素直に表現されている。男性にはまねのできないことである。また女性の場合，たとえば子どもとの死別であれば，夫の抑制の効いた生き方に反発し，嫌悪感を抱き，子どもの死を自分だけで背負おうとされる。そのために悲嘆が長く続いていくという傾向がみられる。

　悲嘆のジェンダー論的研究はまだスタートしたとはいえない。今後の研究と経験の積み重ねが求められる。

3　喪失体験者の語りに寄り添う意味

(1) 悲嘆する行為に寄り添う

　最初にまずは要点を述べることにしたい。忘れてほしくない語り手への挨拶がある。それは，今現在のこころのうちを語ってもらったことへの感謝である。「よく語ってくださいましたね」と，聴き手からの感謝のメッセージを送ることを忘れないでいただきたい。見知らぬ人に自分の身の上に起こった出来事をめぐる葛藤・感情・混乱の様子をありのまま語ることは，容易なことではない。気持ちのブレを幾度も経験したのちに，やっと会場にまで辿りつかれたのであるから，まずは**安心して自由に語れる雰囲**

気づくりのための気配りが欠かせない。そういう意味で，些細なことではあるが，事務的な部屋の中に，写真や絵を飾る空間があるとよい。また机の上に小さなテーブルクロスを飾り，その上に持参した小さな花瓶を置き，一輪でよいから花を飾るなどの気配りをお願いしている。

さらに進め方では，緊張をほぐす意味で，まずは自己紹介およびスタッフの紹介から始める。1年目は亡き人への追悼と理解して，共に涙するのがよい。しっかりと共感し悲嘆のこころに寄り添う姿勢が求められる。こうしたどこまでも寄り添っていこうとする真摯な姿勢を評価していただき，「聴いてくださってありがとう。こんなに真剣に聴いてくださるとは思わなかった。ほんとうに来てよかった」と，感謝の言葉を述べられるものである。

(2) 語りの傾聴法——キーワードを重視する

語り手が同じような話を幾度もされているなと感じたら，実際には3回目くらいからが適当と考えるが，語られたストーリーをよく理解するために，不明の点を補う意味で，質問をする。そのためには，スタッフの一人が，相手に断ってメモをとっておくと後に役立つことがある。その際，秘密の保持の確約を説明することを忘れてはならない。後でメモを見ると質問する項目が浮かんでくるものである。以下にナラティヴ的傾聴法の要点を紹介したい。

①聴き手は，目の前で**キラキラと輝きをみせる語り**の，一言ひとことに注目しながら傾聴に努める。決して体験の生の事実を理解しようと意識を集中するのではない。「キラキラと輝く」といったのは，印象派のクロード・モネの絵に描かれる太陽の光をもじったものである。悲嘆の語りを明るい太陽の光にたとえるのは間違っているといわれるかも

しれない。しかし、聞き流すにはあまりにももったいなくて、一言ひとことに人生の一断面を切り取るような重みと価値がきらめいているように思える。事実、語り直しのキーワードが随所に隠されてもいる。聴き手が「泣きごとなんて！」と見下していると、貴重な人生の意味を見失いかねない。

② どういう悲嘆をどう語っているのか、それをどう理解したらよいのか、出来事の意味づけや、それに関連する出来事とのつなぎ方や意味づけの仕方がポイントとなる。語りの最初では、登場人物がきわめて乏しい。たとえば、子どもとの死別の事例だと、自分と伴侶だけの反応しか語られない。次第に亡き人のきょうだいの反応や夫のきょうだいや妻のきょうだいの反応が語られることがある。また友人たちの反応も重要な意味をもっているものである。

③ 語られていない点や**語りたくないストーリー**があることに留意する。男性であったり、女性でも男性的な方だと、なかなか弱音を語ろうとしないことがある。そういう方には時間をかけてじっくりと語ってもらう必要がある。

④ 語りは現実の投影ではない。むしろ現実をつくってもいる。語りが変化していたら、それは現実を違った視点から意味づけることが可能になったことを表している。たとえば、亡き妻の献身に感謝しているとか、妻の漬物が懐かしいとの語りが披露されたら、すでにつらい思いと共に懐かしさが込み上げていることを物語っている。喪ったものよりも、未だに残されている良き思い出を大切にする気持ちが湧いてきたものと理解できる。喪失が**遺された人への**「**贈り物**」に変わりつつあるのである。喪失の語り直しのチャンスが到来しているともいえる。

⑤語りのキーワードに注目し，意味内容を深める質問をする。キーワードとは，人がストーリーを語るときにしばしば用いるもので，メタファー（metaphor）ともいう。日本語では隠喩（いんゆ）といって，物事のある側面に対して，具体的なイメージを喚起する言葉で置き換え，簡潔に表現する機能をもつ。たとえば「人生立ち往生して……」などと言って，語るストーリーが中断したり，断絶したときには，人生の挫折を示唆する別の表現だと捉えられる。

キーワードについて，ここでひとつの手がかりを紹介したい。悲嘆ケアおよび悲嘆研究の分野で，構成主義的悲嘆療法を唱えているロバート・A・ニーマイアーは，死別体験者の公開のセラピー逐語録を公刊している（ロバート・A・ニーマイアー編『喪失と悲嘆の心理療法――構成主義から見た意味の探究』富田拓郎・菊池安希子監訳, 2007, 金剛出版, 238 〜 262 頁の全文）。グリーフ・セラピーの主人公となるクライエントは，42歳の秘書，スーザン。ボランティアとして参加。

「私の母が，あの―3年前に肺がんで死にました。えー，私の両親は別々……離婚していました。だから，母を世話する人が誰もいなかったんです。その，死を迎えていたときに。で，私も妹も離婚しているんですけど，母親を在宅で看病しました。それで，化学療法と治療のために，交代で母親をこのヘルス・センターに週に2回連れてきていました。それが何年も続いているように感じましたが，でも10月から母が亡くなった7月まででした。で，今日までこのヘルス・センターには来ていなかったんです。（中略）それが，昼食のときにこの廊下を通って，『ああ！　ここはあのときの廊下だ！』と気づいたんです。それで，その時の気持ちが，**洪水のように押し寄せてきたんです**」（前掲同書239頁）

ニーマイアー氏は，会話の中の「洪水のように押し寄せてきた……」のメタファーに注目し，妹との関係や，母の死に対する感情を含む体験を明らかにしようと試みた。そして終末期の母に行う化学療法に対して，「報われない」という失望感と，にもかかわらず，それに駆り立てられている虚しさにふれ，その背景にあるものを探り出した。大変興味深い内容となっている。

　筆者の経験をひとつ披歴しよう。ある方が，「家はとても居心地が悪く，からだの具合まで悪くなります。お骨があるので仕方なくいますが……」と述べた言葉から，居心地の悪い状況がどうこころの痛みに影響しているかを理解する糸口を発見した。また，「部屋の扉を開けなかった」とするひとことから，室内で起こった状況を予感しているがゆえに，恐怖心から扉を開けられなかったことを確認できた。それは憶測などではなく，何かがあるなとする直観力が働いたと感じている。そして，そのことが意味深い語りを聴きとれる糸口になった。

(3) グリーフケアは人間について新たに学ぶ機会となる

　「人間ってこんなことを考えるんですね。わが子を奪われ，とても恐怖を感じていたので，同世代の子をみると，『みんな死んじゃうのだよ！』って叫びたくなるんです」

　「こんな悲しいことが起こると，ほんとうに虚しくなります。なんで生きていたんだろうとね。生きていても良いことなんてないんだ，今はそんな気持ちです」

　悲嘆の語りには，逃げ場のないつらい話が多いのは事実である。しかし単につらいだけではない。学ぶ姿勢があれば，人生の喜びに接する以上に，

深く学ぶ点がある。専門のカウンセリングでの面談では，どうしても専門家としての職業意識や責任があるために，治療という上からの目線で傾聴し，問題点を探ろうとする姿勢がみられる。グリーフケアは，誰もが経験する喪失体験を基本とする悲嘆と苦悩をめぐる関わりであるために，その場面では対等であり続けることが必要であり，また可能でもある。それどころかむしろ，自分では経験できない他者の人生体験から深く学ぶ姿勢にたつとき，問題を抱える人々自身が，聴き手にとっての人生教師の役割を担うことに気づかされる。

「人間について学ぼう」 とする意欲と姿勢が，グリーフケアには不可欠である。悲嘆する人々への尊敬心も，人生を学習しようとする姿勢とつながって導かれるもののようである。学ぶべき点は多々あるが，まずは臨床現場でこそ，人間について深く学ぶことがあることにふれたい。それには，つぎの「臨床現場にたつ」意味を考えてみることから始めたい。

（4）こころの痛みをもつ人々に向き合う臨床現場の意味

　語りの意味を考えるとき，どうしても避けられない議論がある。他者の泣きごとを傾聴するという姿勢，問題を抱える人と向き合うこと，つまり臨床現場にたつ意味である。臨床の「臨」は，「のぞむ」と読み，問題を抱える人と面と向き合うとか，かたわらに立つという意味を有している。臨床の「床」は，ベッドに横たわる患者の意味であるが，広く問題を抱える人々の間近に控えるという意味となる。議論すべき点は，それだけに尽きない。

　筆者は長く教壇に立つ教育者であったために，一度に大勢の学生に向けて講義するスタイルに慣れていて，それはいつの間にか，学問的知識を上から教える立場にたつのみで，ときに学生の苦情や不満を聴くこともあっ

たが，たいていの場合は，苦情を教える立場に組み替えて理解するだけで，教えられる側から大学のあり方や学問のあり方・教授法を批判吟味することを怠ってきたといえる。

　それがグリーフケアに従事するようになって，突然に気づかされた点がいくつかある。そのひとつは，一人ひとりが語る独自の一回限りのストーリーを傾聴するという営みの価値，その重みについてである。聞き逃がしてしまえばそれだけのことである。見逃してしまえば済む問題であろう。だが，相手は問題を抱えたまま苦悩するに違いない。

　喪失体験によって，人々は愛する対象を喪失し，災害では家を失くし，故郷を喪失するという大きな喪失感情を抱くことになる。悲惨な事故・事件に遭遇した人々は，自己の存在感や生き甲斐・生きる目標を見失い，自己自身の中核に見据えられるアイデンティティ感覚に異常事態が起こり，過去の人間形成のすべてが否定されるような感覚に襲われる。そんなときグリーフケアを通じて，過去に経験したすべてのことに根気よく，そのひとつずつに向き合い，意味づけし直し，自己の再構築を進めることになる。

　問題を抱える人に向き合う臨床現場で，グリーフケアの従事者のなすべき課題は，単に悲嘆の慰め役にとどまらない。**ゼロから始まる人生再構築，人間形成の再構築**のすべてのプロセスに関わる，とても大事な使命を担うことになる。

　さらに大事なポイントは，喪った過去の知識・経験・生きる知恵と技にもう一度意味づけし直し，人生そのものを再建すると同時に，家庭・学校・地域社会・コミュニティ・国家・国際関係のすべての意味を，もう一度問い直す機会ともなるという点である。

　具体的に述べることにしよう。

　あるとき，宗教団体の幹部からのお誘いがあり，グリーフケアの説明を

したことがある。団体の活動にどう結びつけようかとお考えになったのだと理解した。その方は，筆者の説明を聴いた後，幹部に相談した。ところが幹部諸氏は異口同音に，当団体では不運な出来事が身の上に生じたときの心構えが教えられており，喪失による悲嘆などは皆無だという回答であった。それで話は途絶えてしまったが，10年後にはグリーフケアへの期待が高まり，筆者ではないが，別のリーダーが招かれていた。前回には男性諸氏が，後の機会には女性の意見が多数を占めたのではと推測している。当初の幹部諸氏が回答したときには，時代感覚の差があったことは否めない。それ以上に，自己の推進する理念をもう一度，人々の日々の暮らしの中にどう息づいているかを，**臨床現場から曇りのない目で自省する機会**を自ら奪ってしまったように思う。

　つまり喪失は最も大切な存在を喪ったがゆえに，苦悩しながらも，ゼロから人生を再創造するプロセスを辿る。そのために，従事者は体験者の悲嘆に共感しながらも，体験者と共に，物事を見通す透明感をもった目ですべてを再検討する機会を共有することになる。喪失体験者と支援者は，人生を再スタートさせるために，人生の一歩一歩を確かめつつ歩んでゆくのである。**すべての理念・価値・目標を白紙撤回**し，改めて能動的・主体的に意味づけすることになる。ことに，世間一般に通用していた普通の価値観を脱構築し，自分にとって真実納得のゆく物語（物語的真実）を探し求める。それまで当たり前だったことを疑い，自然に受け入れていたことを再吟味するわけである。気が遠くなるような過程を辿るのである。

　医療活動の場面でいえば，医療におけるNBM運動（Narrative-Based Medicine；患者の語りを重視する運動）は，単純に患者の語りに耳を傾けようとすること以外に，さらに基本となる意味が隠されている。医師が進める手術ひとつとっても，患者にとってどう意味があるかを，患者サイドか

ら再検討する機会になることが，臨床現場にたつ者の使命といえる。単に医療的知識と技術を患者の治療に役立てるばかりでは不十分といえる。むしろ処方した薬や提供した医療器具が，患者にとってどう役に立ち，生活を支えているかを一人の患者に光を当てながら，ゼロから見直す運動でもある。

　筆者が考え実践した**臨床人間学**とは，痛みをもち，弱さをさらけ出している人を対象に，人間とは何かを検討しようとする学問であるが，問題のない日常生活を送る人々には，人間としてどう生きるかなどという課題そのものが喪失してしまっているのである。人間であることに苦悩し呻吟する機会に恵まれた人々と共に，人間としての生き方を模索する学問，それが臨床人間学である。

　詳細は第5章の終わりに述べるが，対象となる人間が，最初から「受苦の人間」(ホモ・パティエンス，homo patiens) を出発点に見据えられている。受苦的人間にしてはじめて，人としての成長・成熟のプロセスを味わうことが可能となる。

　問題を抱える人のために何ができるかを考えるところに専門が開けるが，いつの間にか，専門家は，対象となる人間よりも，専門にだけ向き合うことになってしまいがちである。これは何も医療やグリーフケアの場面に限らず，その他の領域でも同様のことがいえるのではないかと考える。たとえば，宗教理論も教育理論も，専門家つまり，それを推進する側の視点からだけで検討がなされるだけでは，大切な点を見逃していることが多いのではなかろうか。その理論の恩恵は，まったく逆に，恩恵を受けられなかった人々の立場をも考慮することで，はじめて根本的に見直されるものであろう。喪失体験者を人生の落ちこぼれとみていると，そう判断する人自身が，大変大きくて大切なものを見失うことになるのである。[2]

(5) 喪失後の人間的成長・成熟（Posttraumatic Growth）の視点

　昔から東西の教訓として、苦しみから何かを得ることを推奨する戒めがある。
「艱難汝を玉とす」をはじめ、どちらの国や文化にも同様の戒めがある。哲学者・中村雄二郎は、『臨床の知とは何か』(1992, 岩波新書) のなかに「受苦せし者は学びたり」を世界の不変思想として位置づけ、からだ全身が苦しみを受けることで、からだが知恵を生み出す作用を明らかにしている。大切な人の喪失の痛みは、まずはからだが先に反応し、それがこころの痛みにもなる。苦しみをからだが受動的に感じとると同時に、それに伴う知的判断と情緒的感情がほとばしるものといえる。受動的でもあり能動的でもある。

　グリーフケアの専門家であるロバート・A・ニーマイアーは、「あの恐ろしい津波にも良い点があるはずだ。それを探しましょう」と東日本大地震直後の『岩手日報』にコラム記事を寄せた。どのような悲惨な出来事にも、必ず良い面があるもので、後で振り返ると、良い面が必ず浮かんでくるという意味である。被害を受けた一人ひとりにとっても、また市町村全体にとっても、そうあってほしいとの願いが込められた言葉でもあった。

　喪失後の人間的成長について、主唱してきたローレンス・カルフーンとリチャード・G・テデスキは、「きわめて大きな困難をもたらす状況と格闘

注

　2　専門の高度化が、人間や社会が抱える諸問題を技術的に解決しようとして、問題のもつ人間的道徳的意味や価値を奪い、人間的に苦悩し成長する機会を奪っていると説いているのは、アーサー・クラインマン (ハーバード大学教授、医療人類学者・精神医学者) である。彼は死別という自然の体験を疾病のひとつとして取り上げる米国精神医学会を告発している (皆藤章編・監訳, アーサー・クラインマン, 江口重幸, 皆藤章著『ケアすることの意味──病む人とともに在ることの心理学と医療人類学』2015, 誠信書房, 34頁)。

した結果もたらされる肯定的な心理的変化のこと」と定義している（マーガレット・S・シュトレーベ他編者『死別体験——研究と介入の最前線』森茂樹・森敏恵訳, 2014, 誠信書房, 第6章「目標を再定義する, 自己を再定義する——喪失後の『トラウマ後成長』の吟味」が有益な研究資料となる）。

筆者が主宰する「生と死を考える会」の会員の一人, 男性のＴ氏は, 長く悲嘆の分かち合いに参加されたあと一文を書かれ, そのまとめの箇所でこう締めくくられた。

「私は妻の死によって三つのことを教えられた。第一に, かけがえのない命の尊さ, 大切さを。第二は, 人を思いやる心を。第三に, 人は自分一人で生きているのではなく, 支え合いの中で生きているのだということを, 改めて教えられた。妻との死別当初は, 生きることに絶望し, 出来たら一日も早く妻のもとに行きたいと思っていた。しかし, 今では考えも変わり, 健康である限り, できるだけ長生きしようと思っている。何故なら, それが生前, 必死になって病魔と闘って生きた亡き妻に対してのせめてもの供養になるのではないかと思えるようになったからである」（水野治太郎編『ほも・ぱちえんす——〈死別の悲嘆〉——共に分かち合う営み』2004, 千葉県東葛地区「生と死を考える会」10年の歩み, 30頁）。

この文章は, きわめて教訓的な意味を帯びたものになっている。妻との死別直後には生きることに絶望していたが, 悲嘆の語りを続けるうちに, いのちの尊さ・人を思いやるこころ・支え合いの大切さを学び, 供養のために, できるだけ生き抜こうとする気持ちをもったとある。亡き妻に対して, 誠実に応える姿勢がうかがえる。自省に伴う倫理的匂いと, さらにひた向きさを感じることができる。体験を振り返ることで未来への希望をも

たらすものといえる。人生の語りが豊かになっている。しかし，こころの痛みが消滅したわけではない。事実Ｔ氏は，四国お遍路の旅に出かけられた。痛みは消滅も癒されもしなかったが，しかし，上記のような心境を開かれた。喪失体験には，否定的な側面と肯定的側面があることは確かなのであろう。

　筆者は，家族の悲劇的な喪失後に，死に至らしめた原因となった行動の主体者を許したり，当会の活動のひとつ，他者のこころの痛みに向き合おうと積極的に行動されるなどの社会貢献活動を起こされた人々を大勢みてきた。

　喪失が体験者に何かをもたらすことは否めない。そうだとすれば，グリーフケアは，悲嘆に向き合い寄り添う仕組みであると同時に，**人間的成長・成熟**に深い関わりをもった営みであることに注目したいのである。

　ちなみに，英語のグロウス（growth）は，「成長」の意味であるが，これは単線型の成長を強調しているようにみえるので，もうひとつの「成熟」（maturity）をぜひ付け加えたいと考えてきた。成熟または円熟の意味も加えると，人生体験の語りに厚みが加わってくるように思う。これについては，もうひとつの研究者を紹介したい。

　ナラティヴ心理学者のマーク・フリーマン（Mark Freeman, 1955〜）は『後知恵──過去を振り返ることの希望と危うさ』（鈴木聡志訳，2014，新曜社）の中で，人間は未来に生きようとして，人生のある部分の経緯を振り返るとき，「必然的にナラティヴの『筋書きづくり』（emplotment）をしている。『筋書きづくり』とは，「過ぎ去った過去が新たに現れた全体の部分として，進行中の物語におけるエピソードとして，今わかるという経験である」と述べている。つまり自己理解が後知恵（hindsight）の産物であるナラティヴ的な反省を通じて生まれることを明言している（前掲同書2頁）。

悲嘆の語りでは，最初の混乱が収まり，静かに自己を顧みる機会が必ず訪れるものである。そのような振り返りの作業過程に，喪失したものをどう補うか，喪失の意味を全体の中に位置づけてみる，また自分らしさをどう保っていくかなどの「自己自身への問いかけ」が静かに進行する。喪失は新たな全体への覚醒を促す大きな出来事となる。グリーフケアの営みが，従事する者にとっても，また参加する者にとっても，それぞれの人生を構成する大小の意味づけに貢献することは間違いない。そういう人間的営みであることを自覚する必要がある。

4　グリーフケアへの疑問
――悲嘆の傾聴は誰でもできることか？　自分の健康にも悪いのではないか？

　本章の終わりに，他者の喪失による悲嘆の語りを傾聴することの意味を，グリーフケアの専門とは異なった視点から議論しておきたい。それはつぎのような疑問に発する問題群で成り立っている。

　【問1】他者のこころの痛みや悲嘆の語りを聴いて，人は自分が経験していない苦痛を果たして共感できるものであろうか。安全地帯にある人々は，逆に差別意識をもち，避けるようになるのではないか。

　【問2】悲嘆の語りを傾聴したとしても，他者の苦痛や苦悩は理解できないし，共感もしないのではないか。同様の体験者だけが共感できるとしたら，そういう人々だけのボランティア，つまりピア・サポートだけが意味をもつものではないか。広く一般人を対象にグリーフケア教育を進めるのは無理なのではないか。

　【問3】楽しい話を傾聴することは健康によいが，悲嘆の語りを傾聴す

ることは人間の本性に反するし,自分の健康を害することになりはしないか。

【問1】への回答：筆者がはじめてグリーフケアを始めた22年前には,自分自身が大腸がんによる開腹手術を受けて数年経過していたが,家族をはじめ,周囲の人々からは筆者のがん再発を恐れ,止めるように忠告を受けたものである。確かに当初は,生々しいこころの痛みにふれて,自分も苦痛を味わうこともあったように記憶している。しかし,嫌悪感はなくて,どうしたら人々が抱えるこころの痛みを軽減できるのであろうかと心を砕いていたように思う。子どもを亡くした親,主として母親20名ほどが狭い研究室に参集。死亡原因は,事故死・犯罪被害者・病死・自死等であった。数年経過すると,次第に自分の生活の一部に位置づけられ,筆者の研究室に専門書が多数並ぶようになり,それと気がつかぬうちにグリーフケアの専門書を読み始めていた。しかし解決策は専門書の中には見当たらず,ひたすら誠実に傾聴に努めるうちに,悲嘆を抱える人々との生活が始められていた。そのうちに人々のこころの様子が変化し始め,語り直しがごく自然に行われるようになったとき,自分のグリーフケアの目標にナラティヴ・アプローチを導入し始めていた。

ちょうど勤務校の外国語学部に言語学研究センターを設立する声を耳にして最新の言語学にふれていたことも,今思えばナラティヴに接近していた理由のひとつであった。後に管理職に就任したときに,それが実現することになった。専門外の筆者が言語学研究センターの必要性を訴えていたので,周囲を驚かせたようである。

そうした経験を積み重ねてきた者として先の質問に答えてみたい。【問1】は,喪失による悲嘆にふれたとき,人は素直に共感できるのであろうか,という疑問である。後に人間の脳の最新科学のデータを紹介するが,はじ

めから拒否的姿勢の人もいたように記憶している。男性のビジネスマンで長い間，能率主義・効率主義の世界で生きてこられ，自分が体験者であるにもかかわらず，自分のこころの痛み，他者のこころの痛みに向き合うことを拒絶している人の例である。それでも時間をかけて参加されるうちに，次第に妻の死を悼み，供養のために泣く姿勢をみせられるようになる。グリーフケアの場面でこれまでは多くの人々がごく自然に他者の喪失による苦悩に共感して，共にこころの痛みを分かち合ってきた。

　質問にあった差別的な意識ではないが，嫌悪感をもつ人は必ずいる。部外者として外側から冷ややかに眺めている人々が問題である。たとえば，集いのために公共施設を借用する場合にも，窓口業務の人がグリーフの意味も知らず，無知であることから，トラブルになるケースもある。だからグリーフケアの趣旨や理念および集いの意味を社会的に認知してもらえるように，学校教育・生涯学習の場でも，グリーフ教育を進めるようにしたいものである。グリーフ教育の必要性については，次章の「グリーフケアの公共性」で議論したい。

　【問2】への回答：ここで質問されているのは，喪失体験者以外の人々に，グリーフケアの現場にたつ従事者として経験のない人々を集め教育を進めることへの疑問である。麗澤大学オープンカレッジ，桜美林大学アカデミー，上智大学グリーフケア研究所の社会人対象の授業等でも感じたことであるが，対象者の主な人々は，職業上，グリーフケアおよびグリーフ教育を受けておく必要のある方々が相当数おられる。宗教関係者・医療看護福祉系従事者・学校関係者・社会貢献活動を進める民間団体のリーダー，おとなのための生涯学習教育関係者，それに喪失体験者等には，受講希望者が相当数いることは間違いない。さらにこれに続くのが一般市民であるが，親の介護中あるいは親の看取りを済ませた人々，また友人の死に衝撃

を受けたことが受講動機になっている事例が多い。喪失体験はいつでも誰もが経験する，日常的出来事であることがよく理解できる。

しかし，喪失体験が犯罪被害者であるとか，特別な事故被害者等である事例には，共感する前に恐怖心が湧いてくることは避けられない。だから「共感なんて簡単に誰もができるわけではない」といえる事例もある。

また喪失体験者の場合，せっかく受講されても，自分の体験の狭さを自覚できないと，容易には学習が進まないものである。他者のこころの痛みに共感できるようになるには，自己の体験を越える必要がある。また自分の体験と他者のそれとをいつも比較していると，理解も共感もできないことがある。

自分にとって大切な親・兄弟姉妹・子ども・孫を亡くしてはじめて，死を身近に実感でき，また誰もが日常生活で出会う，自然の出来事の一部だということが理解できる。そのためにも，このテーマから逃れられる人はいない。にもかかわらず，生と死のテーマを日常性から遠ざけようとする傾向を誰もが身につけてしまっている。グリーフケアに長く従事してきたからこそ痛感していることがある。グリーフ教育もグリーフケアの教育も，誰もが必修科目として学習する必要がある。

【問3】への回答：グリーフケアが健康な人の心理状態に重い負担を強いるもので，健康を害するとの疑問を，先の人間の共感能力への基本的質問を含め，一冊の翻訳本の内容を紹介することで答えることにしたい。

その著者は，オランダのアムステルダム大学とオランダ王立科学アカデミー神経科学所の脳神経科学者，クリスチャン・キーザーズ教授という。書名は『共感脳——ミラーニューロンの発見と人間本性理解の転換』(*The Empathic Brain*)（立木教夫・望月文明訳, 2016, 麗澤大学出版会）。教授は，イタリアのパロマ大学で1990年代に，同僚と共に，特別な脳細胞である「ミ

ラーニューロン」を発見した。人間は他者の行動に強く影響を受けるものであり、この脳細胞によって、社会的存在につくりあげられているのだという。ミラーニューロンは、生物学でのDNAに匹敵する重要な意味をもつものとされる。キーザーズ教授はさらに研究を進め、他者の動作および感情（実験では嫌悪感に注目。中心は島皮質が中心となる神経回路）に強く反応する神経プロセス全般を指す用語として「シェアードサーキット」(shared circuit)と命名した。つまり脳は、他者の感情を認識するときにも、他者の嫌悪感を感じるときにも、この神経回路を使っていることが明らかになったばかりか、たとえば、嫌悪感を例にすると、脳（島皮質が関わる）は、他者に共感するとき、他者の感情を認識するにとどまらず、自分自身も嫌悪感を感じるときにもこの仕組みが作用していることが判った。説明のために、直接に引用してみよう。

「シェアードサーキットを通じて、周囲の人々や、その人たちの行動や感情は、これまで個人のアイデンティティの安全を避難場所とされてきた運動システムや感覚といった、多くの脳領域に浸透しているのです。個人間の境界は透過的になり、社会の世界と個人の世界も混じり合っています。感情も動作も伝染性です。シェアードサーキットの目に見えない糸が人の心をつなぎ合わせ、個人を越えて広がる有機的なシステムの織物をつくっているのです」（前掲同書122頁）

これらの言説は、人は他者の悲嘆の感情に共感することができるように脳が仕組まれていることを物語っているといえる。さらに個人の認識も人生観も世界観も、さらには悲嘆感情すらも、人間相互の関係性に依存しているものといえる。ナラティヴ・アプローチがかねて強調してきたメッ

セージが脳科学の領域で追認されていることが判る。

　ただ，人間は誰もが同じように共感するのではなくて個人差・性差がある。自分は共感性が高いと自認する人は，実験でも島皮質が強く活性化していることが認められたというのである。また，嫌いな相手の感情には共感しないように調整する能力があることも実験で判ってきている。

　筆者がことさらに関心をもったテーマは，島皮質が他者の嫌悪感と喜びの感情の両感覚を共有するにもかかわらず，喜びの感情よりも，嫌悪感のほうが，内臓感覚に大きく依存しているというメッセージである。幸福感は内臓的構成要素以外のものに依存している可能性があるという。

　グリーフケアに携わってきて，他者の苦悩・悲嘆を直接心身で体感する機会が増えてきているが，しかし健康上の問題，悲嘆が自分に浸透して精神的疲労を感じたことはほとんどないと思っている。また，知らぬ間にからだにも負担をかけているようにいわれるが，70歳の定年後に開始した夜9時〜10時の電話相談でも，疲れを感じたかといえば，たまに3本の電話が続くと，さすがに疲労が残っているような気がすることもあったが，一夜明ければ元気に回復していることがほとんどであった。グリーフケアの場面で神経を遣いながらも，疲れない理由があるのだろうかと，この数年間考えてきた。そして，他者の悲嘆を傾聴するとき，最初には嫌悪感を味わうのは確かなことで，世間にこのような苦悩があるのかと，まずは拒否感情や嫌悪感を味わう。しかし，上記の研究によれば，他者の悲嘆にふれて拒否感情を味わうことが，脳皮質を活性させ，さらにつながっている内臓感覚を刺激していて，結果的に活性化につながっているということを，この『共感脳』に出会って知り，今では，**悲嘆主義あるいは悲観主義の効用**ということがあるのではと考えるようになった。

　以上が【問3】への回答である。

5　まとめ

　本章で述べたことを再確認しておきたい。議論が不十分な点も多々あるが，日本のこれまでのグリーフケアは，悲嘆主義アプローチに依存しており，新たにナラティヴ・アプローチを採用することで，はじめて，悲嘆の語り（語り方）に注目できるし，さらに語り直しに気づいて，人生の再構築への支援も可能になる。喪失による悲嘆にだけ注目していると，故人によって遺されたメッセージや思いや，死者との絆にも関心を寄せない。さらに故人からの多次元の贈り物を受領し損なってしまいがちである。このように述べると，ナラティヴを前向きな楽観主義と決めつけられそうであるが，悲嘆のこころを十分に分かち合い共感することを重要視する点で，単純な楽観主義と混同しないでほしいといえる。

　さらに喪失の語りは，多次元の内容を有していて，決めつけたり単純化することは間違いである。時間をかけじっくりと傾聴してはじめて，語り直しの糸口を見いだすことが可能となる。

　要するに，グリーフケアとは，「語りに寄り添う」営みだといえる。従来の「寄り添う」ことが間違いとはいわないまでも，それだけでは不十分と考え，語りに留意して，語り直しに注目する，これがナラティヴ・アプローチに依拠するグリーフケアの特色といえる。さらにいえば，従来は悲嘆に向き合おうとする人々が中心的役割を担ってきたが，今後は，**悲嘆の語り手こそがグリーフケアの主役**であり，その主体的・能動的な，さらに多次元にわたる語りそのものが，中心に見据えられるべきものといえる。

第2章

グリーフケアの公共性

本章のねらい

　日本のグリーフケアは，個人の私的な善意によるボランティア活動によって開始されたか，あるいは私立病院内，さらには宗教団体の救済活動の一環として営まれてきたものである。そのためか，外来文化のひとつとして認識され，グリーフケアの活動自体および個人の語りが本来もっている公共性について気がつく人も少なく，公共性の議論を進めることもなかった。その後，国公立病院等で遺族ケアが開かれるに至り，その意味する内容が理解されるようになった。グリーフケアの目標や実際の成果をみれば，遺族に必要な営みであるばかりか，安心安全な地域社会づくりの必須の課題であること，いわゆる公共性を察知してほしいと願っている。ここでの公共性とは，個人および無数の人々の恩恵につながるという意味である。本章では，グリーフケアの営みが確かに公共性を保持した活動であることを説明したい。**第一の理由**は，喪失体験者が大きな悲嘆を抱えるとき，疎外感のゆえに，それまで築いてきた人々とのつながりを断ち切って孤立化しがちと

なる。そこで，こころの痛みを分かち合ってもらうために，傾聴に努める。語り手が自分の悲嘆を吐き出せたとき，自分の「新しい居場所」を創り出すことになる。**孤立化防止**と**居場所づくり**は公共的な課題といえる。災害死や事故死・自死の事例では，長期間の支援が求められる。さらに悲嘆の語りは現実社会のもつ弱点を指摘する社会的意味を帯びた内容となる。聴く者は社会に届けられたメッセージとして理解する必要がある。**第二の理由**に，グリーフケアのゴールをめぐる議論がある。喪失体験者の支援目標は，人生の再構築にある。すべての人が**人生の再構築**に成功するわけではないが，生きるための意味の再構築をゴールにおくという点に留意して，グリーフケアを社会的に認知してもらうことが必要である。**第三の理由**は，グリーフ教育の必要性からいえることである。悲嘆にある人のこころを傷つける言動をするのは，日ごろ親しかった親友・隣人であるといわれる。周囲にはその喪失感情を否定しないで尊重する姿勢が求められる。さらに児童・生徒等が親を喪ったときの，学校および教師の対応に注文をつけたい。しかし，スクールカウンセラーや養護教諭なら，喪失による悲嘆を傾聴する機会があるはずである。文科省はこれに関して実際の指針を出してはいない。とはいえ，教師は無視することなく，黙って傾聴するだけで十分だと考える。慰めたり激励しないことが求められる。実際の課題を中心に，**グリーフ教育**を再検討して，グリーフ教育が担う公共的使命に関心をもっていただきたい。悲嘆の語り手は人生教師として，良き聴き手を育成する課題を担っているのである。

1　悲嘆を語る・聴くことの公共性

(1) グリーフケアが公共する

　グリーフケアの集いは，各地での大地震や自然災害の被災地での大規模救援活動，あるいは雑踏する大都会の片隅で小さな部屋を借りて，静かに語り合うというスタイルで始められる。大きな社会事件や災害被災者であるなら，社会は関心を寄せ，被災者の語りに注目するであろう。しかし個人の喪失体験では，家族・友人・隣人などが関心を寄せるくらいである。町内で葬儀があってもどこにもある葬儀のひとつでしかなく，社会慣習上の礼儀を尽くす以上の配慮をすることはないといってもよい。

　公共的な広がりがまったくないに等しいグリーフケアを，広い公共性の視野から議論するのは，過剰な議論であり，結局は内容空虚になってしまうのではないかと批判されるであろう。

　筆者は，長い間，勤務校の研究室を使用して，市民参加の集いを毎月1回開いてきた。厳しい状況にある喪失体験者が集いに参加されていた。事故事件等の被害者で，新聞・テレビ等により大きく報道された方々も，会場である筆者の研究室へは，肩をすぼめて黙って足を運ぶのである。そして集いの場では，片隅に座って，他者の語りに黙って耳を傾けておられる。ときどき報道関係者が関心をもち，取材の要請があっても，断る回数のほうが多かったように記憶している。現在ではグリーフケアの会場は，12カ所を超えており，規模も次第に拡大されつつある。それでも外見上は，基本的に私的な集会と少しも変わるところはない。

　なぜいつまでも，そのような，控えめな活動にとどまってしまうのであろうか。

グリーフケアが扱うテーマは人間なら誰もが経験するであろう「喪失体験」である。病死・経営破綻・リストラ・交通事故・犯罪被害・事件・自死等が頻繁に生じる都会での出来事であるのに、その対応はといえば、個人の善意による小さな活動を越えることがない。いわゆる広く社会的公共的承認が得られない活動でしかない。

　しかし、筆者が活動を長く継続し多様な経験を積み重ねてきた、いわば成果のひとつとして、グリーフケアは個人のプライバシー保護を主目的とするだけのささやかな運動から脱する必要性を幾度も感じさせられてきた。それは筆者自身の問題意識を変えることはいうまでもなく、さらに社会の側の認知レベルを上げる必要性をも感じさせた。悲嘆を他者に語る・聴くことは公共性を備える営みである、と痛感している。

(2) 地域で支えられる

　第一の出来事は、20数年前にさかのぼる。グリーフケアを始めた当時、大学の研究室を使っていたのだが、米国人語学教師以外にグリーフケアに関心を寄せてきた人はいなかった。同僚諸氏は何か別世界の個人的私的活動と理解していたようである。外部の教授からは、「グリーフケアなんて、大学教授が担う役目ではない。大学教授なら、文明の進歩発達に貢献すべきである」とする見解を直接拝聴したこともある。

　あるとき、研究室では手狭のために、他に適当な場所を探していた。そこで一時、自宅の離れを開放しようということになった。問題は、駐車場の確保であった。幸い自宅前には駐車場があって営業しており、なんとか資金集めをして、数台分の駐車場を確保したいと思っていた。しかし駐車場オーナーに依頼したところ、現状以上に利用台数を増やすとトラブルの原因になるので、空いているが貸したくないと断わられてしまった。しか

たなくほんの思いつきで，グリーフケアの開催趣旨を書いたチラシを渡してきた。すると追いかけるように電話があり，「お宅は"公的"なことをされているのですね。だったら無料で駐車場を5台分使用してください」と，予想外の返事をもらったのである。それ以後，地域の隣人が後押ししてくださる公共的な使命を担う活動という地平にたたされたのである。

しかしながら，自宅開放は長くは続かなった。個人住宅は場所がわかりにくく，ナビで来られる人々が増えるにつれて，自宅ではできなくなり，市の公共施設を借用するようになった。

開催会場はその後，つぎつぎに拡大してゆき，現在では，千葉県・茨城県・埼玉県・神奈川県の四県下七つの市で開催していることになる。上の出来事は些細な出来事ではあったが，個人の善意による私的活動から大きく踏み出す契機となった。

(3) 新しい公共性——参加しない人への配慮

第二の出来事は，繁華街の小さなビル内で開いてきたグリーフケアの会場をめぐる出来事である。そこには毎回20名近い人々が参加されていた。この会場では，毎月，これまでの出席者に手書きの文章を添えた案内状を郵送してきたが，あまりに人数が増えてきて，手書きで案内を送るなどできなくなってしまったので，最近欠席している人々への案内状を割愛してはどうかという意見が出た。聴けば，丸3年以上も欠席している方々がいるとのこと。そこでただちに打ち切りを決定した。しかし，ある方からクレームがついたのである。それは「確かに欠席していたが，決して立ち直ったわけではなく，こころの痛みは依然残ったままである。いつかまた人生に挫折したときには，また会に出席しようと考えていた。だから案内は必ず送付してください。**案内状が届くだけでほっとする気分**になったので

す」という内容であった。

　参加者から，こんなにも頼りにしていただいていると思うと，嬉しい気持ちが湧いてくると同時に，グリーフケアの集いは，出席して悲嘆を分かち合う人々にだけ開かれているのではなくて，むしろ**出席できない無数の人々に対して，開かれている場所**であることを強く印象づけられた。すなわち，会は未知の無数の人々を対象に開かれた公的使命を担っていたのである。主催者のそれまでの意図を覆えされたばかりか，いまだ来られていない大勢の人々への責任感を植えつけられたのである。これは明らかに公共性を担うグリーフケアの使命に関する新しいメッセージである。以後，グリーフケアの公的使命について自覚を深めたばかりか，そのことを広く社会に周知する必要があると考えた。

（4）自殺対策基本法に学ぶ

　第三の出来事は，勤務校の所在地である千葉県柏市の「自殺対策検討会議」のメンバーになり，自殺防止対策の検討を重ねるうちに，グリーフケアのもうひとつの使命に目覚めさせられたことである。グリーフケアの参加者のなかには，自死遺族も多数参加されている。そのうえごく少数ではあるが，重い心理的負担を抱え込んでいる人，一時的にうつ症状をみせている人々，もちろん精神科受診をされている人もいるが，なかには自死のハイリスクの人々もおられる。自死遺族のなかには，衝撃を受けていて，起こった出来事の理解をめぐって，大きな問題を抱える人々もいる。時間の経過と共に，ますます孤立感を深める人々がいる。したがって自殺防止という視点もからんで，グリーフケアの活動の社会的公共的意味が認識されるわけである。

　さらにそれと関連して，自殺対策基本法第二条「基本理念」とのからみ

で浮かんできた問題点がある。第二条第二項にはこうある。

「自殺対策は，自殺が個人的な問題としてのみ捉えられるべきものではなく，その背景に様々な社会的な要因があることを踏まえ，社会的な取組として実施されなければならない」

「社会的な取組」の意味は，「個人がさまざまな悩みに追い込まれたすえの死」であり，「社会の適切な介入により，防ぐことができる」という立場にたつことを明示している。つまり「自死者に社会的な支援が届けられることがなく，追い込まれた結果としての自死」という理解である。その社会的支援の具体的な内容としては，厚生労働省の自殺総合対策大綱によれば，地域における相談体制の充実をはじめとする，借金問題・アルコール薬物依存症等の抱える問題ごとの窓口充実と支援体制の強化，さらに「遺された人の苦痛を和らげる」の内容項目の下に，

1. 自助グループの運営支援
2. 学校・職場での事後対応の促進
3. 遺族のための情報提供の推進――パンフレット作成・配布の促進
4. 自殺遺児へのケアの充実

等が指摘されている。ここでは関連する項目のみ紹介するにとどめたい。当会でも「まんりょうの会」の名前のもとに，自死遺族の会を進めている。まだ始まったばかりで，これから徐々に地域に知られてゆくに違いないと確信をもっている。

　これら自殺対策のための種々の行政側の踏み込んだ努力の成果は少しずつ広がりをみせているといっても過言ではない。

　ただあるとき，自殺対策の責任者の一人が，筆者に直接漏らされたひと

ことがある。

　「自殺対策を政府ぐるみで上から掛け声をかけても，なかなかそれは成果につながるわけではない。むしろ地道に，あなたがおやりになっているような遺族や喪失体験者のための『グリーフケア』の活動のほうが，よほど重要な意味ある活動だと考えています」

その意味する内容には大変深いものがあるように考える。当会の活動に参加されている自死遺族の一人は，あるときこういわれた。要点のみ伝えたい（詳細は第5章－3で紹介）。

　「自殺を肯定するわけではありませんが，自死した人も，余命を宣告された患者と同じぐらい，誰よりも"生きる"ということを真剣に考え，ほんとうは誰よりも"生きたい"と思っていたのではないでしょうか。だから，いまの私は，生も死も受け入れ，価値あることと考えるに至りました」

この発言にある夫の行為を許容するストーリーは，そのまま社会一般が受容できるものでは決してない。自死を肯定したり，自殺対策を否定する意味を含んでいるように誤解されやすいメッセージとなっているからである。しかし，苦悩のいわば成果として到達した真実，「**物語的真実**」として，夫の生と死の意味と価値を見いだしている。そして筆者も，このストーリーは，すべての人々に通用するような普遍的価値はないが，それでもなおひとつの独自の意味を担ったストーリーとして，主張する使命を担ったメッセージだと理解している。

それはたとえば，自殺防止運動に，この遺族のような視点，つまりその人のとった行動の結果を認めて受け入れてあげるという寛大さが欠けると，自死者および遺族を社会的に糾弾する運動に変じるであろうという意味を含んでいる。先に紹介した自殺対策のリーダーの言葉からは，こういう重みを感じることができた。

　事実多くの人々のなかには，自殺対策が「個人的要因」から「社会的取組」へと変質を遂げた点については異論を投げかけている人がいるに違いない。依然として生きる問題はすべて「個人の精神的・道徳的問題」だと考える人も多い。「死にたい人は勝手に死んでください。迷惑だけはかけないように……」というところが本音であろう。こういう人々とっては，遺族ケアも余分なこと，介入すべきではない領域にあえて踏み込んで，個人を甘やかしている，社会的には無意味な行動だといいたいのだと思う。

　しかし，前述のとおり，グリーフケアには明らかに公共性があり，自助を前提とする"共助"，さらには公的使命を帯びたものとして"公助"の一環にグリーフケアの活動を位置づけることが必要だと考えている。

2　安心安全な地域づくりのための活動

グリーフケアの公共的活動は，およそ以下の内容を包括するものといえる。

1. 安心して泣ける場所を設置することで，居場所を創る（孤立化防止）
2. 同じような体験者との連帯感を培う（連帯・支え合い）
3. 語りを傾聴する人の役割―関係性の修復（社会への橋渡し）
4. 故人からの贈り物を探す援助を行い，ストーリーの語り直しへと導

いてゆく
5. 喪失の意味の再構成と人生の再構築

①居場所づくり

　簡単なコメントをつけておきたい。1. の安心に関しては，何を語っても非難されないということを語り手に伝えておくと緊張感が緩和される。さらに，参加者全員に対する注意点として，語られた内容を他人に漏らさないようにと依頼すること。

　こうして安心して悲嘆のストーリーを語る雰囲気が確保されるのである。居場所とは，自分が抱える喪失感情は，参加者が共通して抱えており，自分の気持ちが他者に理解され受容され，互いにつながっているという感覚，コミュニティ形成の必須の条件が整っている状況を互いに感じ取っているという意味である。以上は，2. の内容にも関わっているといえる。

②孤立化防止

　孤立化防止の意味については，第1章で述べたので省略したい。ひとつだけ繰り返しになるが，孤立化防止といっても，一人静かな環境で故人への追悼に浸ることを妨げてはなるまい。隣人や友人には当人の気持ちに寄り添った対応が求められる。さらに，連帯感についても，グリーフケアの集いに限定される必要はない。日ごろ顔見知りのすべての人々の役割といえる。

③社会への橋渡し

　3. について，少し議論が必要である。ナラティヴ・アプローチでは，語りは個人のものというよりは，その人が巻き込まれている人間関係の多様で複雑な形式を背負ったものと理解する。さらに悲嘆の感情も，歴史文化的状況に埋めこまれたもの，つまり社会的に構成されたものだというので

ある。たとえば，平均年齢よりはるかに早く亡くなった伴侶は，長寿時代を裏切るもので，社会的に非難される対象となる。マスコミが取り上げるタレントの死のニュースには，必ずといってよいくらいに，医師が病状を説明してプロセスを釈明させる手法を使う。有名人でなくても，若い人の死は長寿社会の中で否定的に構成され，批判を受ける。すべての人の語りが社会的常識を背負っている。

　そこで，遺族の一人ひとりの語りの重みをしっかりと共感し理解して，広い社会的文脈の中にその言葉を位置づけてみると，社会的偏見や社会常識が陥りやすい弱点がみえてくるものである。一回限りの独自の語りというものに，真剣に向き合う社会的使命感がみえてくる。ことに，その社会的構成主義が担う課題，つまり「**脱構築**」[1]あるいは「**脱定説**」[2]の役割がそこにみられるといってもよい。ひとつだけ例をあげたい。世間の定説では，死別は永遠の別れであり，二度と会うことはないとされている。しかし，遺族のこころの中には故人のたましいが絆として強く残っており，つながりを贈り物と感じている人々は大勢いる。脱構築は，常識や定説に従うのではなく，自己自身のこころの中に問いかけることでもたらされるものである。

　実際に悲嘆の語りは，濃厚に関係性を担っている。悲嘆内容を聴くと，必ずといってよいくらいに，故人および故人を取りまく関係性に対する深い感謝と，また逆に，それらに対する非難・批判が含まれている。その中には，救急車の運び先から，病院側の受け入れ態勢，救急医療のあり方，医療者のひとことに傷を受けたとか，治療方法の問題とか，看護師の対応とか，感謝のメッセージを伝えられることもあるが，逆に不平や不満を聴くこともある。風邪による発熱と考え近くのクリニックで薬をもらっていたが，突然の高熱を発したために大病院に入院したところ，治療らしい処

置を何もしないうちに死亡。担当医は「連れてくるのが遅すぎた」と言った。発熱からわずか3日目で入院したにもかかわらずである。母の語りは息子の突然の死に加えて，医師のひとことが大きな重しとなって圧し掛かっていた。担当医も「残念」の気持ちを強く持っていたからこその発言であったが，タイミングを間違えたばかりに，深く傷を与えてしまった。明らかに医療者の不用意な発言であることはいうまでもない。医療界全体に周知すべき貴重な戒めになるであろう。

④語りに注目することと癒すこととのつながり

4. についても，ひとこと説明を加えたい。このメッセージはグリーフケアの目標をめぐる誤解を解き，その目標を正しく認知してもらいたいからである。

ある作家が「グリーフケアは痛むこころに癒しを届けることをいう」といわれ，この発言が大きく報道されて，こころを癒すグリーフケアの虚像

注

1「脱構築」とは，ナラティヴ・セラピーによる心理療法の主要なプロセスのひとつである。人間は，さまざまなストーリーに取り囲まれており，それらのストーリーの意味や価値観は，社会的に構成されたものである。人生に変化が生じたとき，社会的に構成された価値観を手がかりにして進路を決め，安全な行為を選択している。しかし，人生の失敗・挫折や喪失等の悲嘆を伴う場合には，人は社会的に構成された価値観によって，逆に批判を受けたり，意味をめぐる葛藤に苦しめられるものである。そこで，心理療法においては，支配的な価値観を打破し，自ら納得する新たな意味探しとストーリーの構築が期待される。このプロセスを脱構築，すなわち社会的に構築された語りを乗り越えて，自分が納得する精神世界を構築するという意味。本書第5章-1に詳述している。

2「脱定説」とは，脱構築に近い意味であるが，人はみな社会的文化的なディスコースを身にまとっている。ディスコース (discourse) とは「言説」と訳される言葉であるが，本書では，世間の枠組みや常識や平均的モラル，つまり世間の定説を指している。この世間の定説をめぐる葛藤が悲嘆の要因ともなる。そこで，押しつけられた定説ではなく，自らの納得のゆくディスコースをもとにストーリーづくりができるように支援する（国重浩一著『ナラティヴ・セラピーの会話術——ディスコースとエイジェンシーという視点』(2013, 金子書房，第3・4章が適切な材料を提供している)。

が浸透してしまった。癒す作用は音楽・芸術・アロマ等でも進めることができる。それに似た働きが語り重視のグリーフケアにもあるのであろうか。いや，あったとしても，副次的なものであって，癒しを看板に出しては低俗の文化とグリーフケアが混同されかねない。

　つまり，こころの痛みを抱える人々に寄り添い，語りに注目することを目標にするが，痛みを軽減したり消滅することを目標とはしない。分かち合えるように努めはするが，すべてを理解し，共感できているわけではない。それよりも語りを重視して，亡き人からの贈り物探しの手伝い，語り直しを進めるように支援するほうが重要だと考えている。参加者からは「痛みが軽くなった」「気持ちが楽になった」「癒されました」と感謝されても，悲嘆は生涯消えることはなく，軽くなることもない。突然のように噴き出すことが現実にある。

　しかし，他者に語る作業を通じて，悲嘆の多元性・多様性に自ら気がつき，向き合うようになるのである。その過程に付き合うには，語り手にも聴き手にも実に根気が必要である。

　喪失の贈り物とは，目に見える形あるものもあるが，多くは絆としてこころに銘記されるものをいう。世間の常識では死ねば何もないので，諦めしかないという。そうであろうか。故人の生きざまは遺族への贈り物であり，形のない遺産である。しっかりと未来を見据えていた純粋なある若者が，周囲の無頓着な振る舞いで命を落とした。長い間苦悩した母は，グリーフケアの学習にのめりこみ，喪った息子のいのちと交換するかたちで，グリーフケアの営みの先頭にたつことになった。人生の再構築である。息子の突然の死は，震度7くらいの激震であったが，今ではグリーフケアの社会的使命に目覚められ，亡き息子の導きと強く感じて，多くの責任を担っておられる。

⑤人生の再構築

　この実例は，5.の人生の意味の再構成・人生の再構築に該当する貴重な意味を有している。それは問題を抱えた人のサクセスストーリーではない。多くの人々が形をかえて，人生の再構築を進められていることを考慮すると，グリーフケアの目標は原状回復・原状復帰などではなく，新たな人生の開始の意味をもつ。周囲もその意味を理解する必要があるであろう。

　ただし，高齢者の伴侶の事例のようなとき，人は故人を懐かしんで以前同様の生活スタイルを固持される人もいる。その場合は故人とのつながりを愛おしんで生活している方々を，周囲はそっと見守る必要があるであろう。したがって，決して「独居老人」というべきではない。亡き人のたましいと同居しているのである。隣人は実際にそう見守っているのである。地域の深い思いやりが欠かせない。

　以上のような目標を定めて活動を進めるグリーフケアは，地域の安心安全を下支えする，地道ではあるが公的使命を担ったものと考える。実際にはボランティアつまり自ら志願して学習し，実習現場に身をおくことで資格を得て，グリーフケア従事者として参加が許されるのであるが，それによって社会的に認証されたものとして責任を担うものといえる。まだ日本を横断する形の一定資格などはできていない。いずれドイツのように統一名称ができて，一定の資格条件が定まり，人々によって公共性が自覚される時代が到来するものと期待している。われわれはそれまで地道な活動を継続してゆきたいものである。

3　グリーフ教育の具体的な内容

(1) 子どもへのグリーフサポート

　グリーフ教育とは何を意味するのであろうか。グリーフは悲嘆であるので，グリーフはその人にとって大切な存在を喪失することから生じる深い悲しみ・混乱・不条理感等の複雑な感情の全体である。子どもが喪失を体験すると，その複雑な感情を整理したり，他者に上手く語ることなどできない。そこでどのように行動するのかといえば，子どものグリーフケアの世界的リーダーである，ドナ・シャーマン博士（オレゴン州ポートランド市にあるダギーセンターの責任者および世界中に広がりをみせる子どもへのグリーフケア活動の第一人者）によれば，

　「子どもが死――身近な人との死別――を経験すると，その子は自分は他人とは違うんだ，という気持ちを抱き，親しい友達にさえ違和感を覚えるようになり，孤立化してゆきます」（ドナ・シャーマン「子どもへの『死の教育』――子どもたちが教えてくれるいのちの教育」[水野治太郎・日野原重明・アルフォンス・デーケン編著『おとのなのいのちの教育』2006，河出書房新社，160頁]）

と説いており，親の死を経験した子どもには七つの症状があると指摘している。
　1. 高いレベルでの抑うつ。2. 健康問題や事故の可能性が増すこと。3. 学校での成績不振。4. 恐れや不安がより顕著になる。5. 自尊心の著しい低下。6. 運命はコントロールできない，と思うようになる。7. 未来に対する楽観性に欠ける（前掲同書168頁）。

親との死別を経験した子どもに接するおとなへの忠告として，彼女が大事にしている言葉がある。

　「忠告することをやめて，話の方向を変えることなく，自分の経験を話すことなく，修正しようとすることなく，そのまま話を聴くこと」(前掲同書178頁)

　この姿勢は，「寄り添って語りを聴く」姿勢のことだといえるが，対象が子どもであるために，同じ体験をもつ子ども同士が輪になって座り自分の気持ちを分かち合うことのほかに，さまざまな表現手段（絵を描く・粘土をこねる・音楽やダンス・長時間の散策・"火山の部屋"でサンドバッグを叩いたりして，感情を爆発または外へと放出させてやるなど）を用いて，閉じ込めている悲しみの感情を表現させるように工夫している。これらの方法は，子どもの悲嘆の気持ちを何よりも大切に尊重し，だからこそ，そのこころに寄り添う手段として考えられたものである。
　子どもの悲嘆感情はおとなと同じように深く繊細であり，決してそれらは異常なことではない。にもかかわらず，子どもが喪失を経験したとき，おとなはどう接したらよいか，どう扱ったらよいのかわからないために，無視しようとする。あるいは勉学を妨げる要因として否定的な態度を取りがちとなる。
　筆者自身にもこんな体験がある。中学2年生の夏休み中に，クラス担任の女性教師が恋愛問題のもつれから自殺した。新聞に大きく取り上げられ，こころに衝撃を受けた。9月になり，学校が始まると，隣のクラスの担任が代わりに担任になり，校長先生からの伝言で，亡くなった教師の葬儀には誰も参列しないようにと伝えられた。しかし新担任は，「校長先生の

言葉はじきに始まる試験を配慮してのことだが，もし君たちが参列したければ，出てもよいと僕は考えるが，皆さんの意見を聞きたい」と申し出られた。生徒の気持ちへの配慮があったのである。筆者は最初に手をあげ，葬儀参列に賛成意見を述べた。すると新担任の教師は，このクラスには変わった子がいるなと言いながらも，参加を認めてくれたのである。しかしその後，この女性教師の死についての説明もなく，会話する機会もなかった。その痛ましい事件から学んだことは，何もなかったが，胸の奥底に長くこだわっているものが残されたままであった。学校の対応は，黙して語らずであったが，生徒の受けた複雑な感情は無視され，誠実に対応されることもなかった。この姿勢は現在でも変わらないのであろうか。

　数年前のことである。自殺が急増し，親を喪った子どもが大勢いることに対する学校の姿勢を確かめるために，会議の場で教師に尋ねた。
「もしあなたのクラスの子が親を交通事故死で亡くしたことを知ったとき，あなたはその児童にどんな対応をしますか？」
「何もしません。どんな対応をするかといっても文科省や教育委員会から特別な指示は出されてはいませんので，なるべく目を合わせないようにするだけです。養護教諭やスクールカウンセラーは何か対応してくれるでしょう」

　筆者が実際に電話相談で受けた話を紹介したい。同様の経験が幾度もあるので，共通項を紹介したい。

　ある生徒が授業中に突然泣き出して教師が困惑したというのである。経験がないことであり，事態をどう理解してよいのかわからなったというものである。さらにこういう内容もあった。親を亡くした生徒が死をめぐる本ばかり読んでいることを知った教師が，どう指導したらよいかを尋ねてきた。また親の突然死を経験した子どもが，友だちから「君のお父さん

はなぜ死んだの？」「自殺したの？」としつこく質問を受け，答えようがなくて不登校になってしまった。

　この原稿執筆中にひとつの DVD 教材が筆者の手元に届けられた。筆者自身が何度も足を運んだ「サポコハウス」[3]が携わって販売したものである。タイトルは『教育現場におけるグリーフサポート──死別体験にどう向き合うか』(制作：ダギーセンター，日本語版)で，小学校・中学校・高校において実際に起こった親の自死・友人の自死・教師の病死等を経験した子どもたちの悲嘆とどのように向き合ったか，どのように痛みを分かち合ったか，子ども自身はどう語っているか，など大変に有益な示唆的内容に構成されている。参考資料として抜群の効果が期待できる。これを教育関係者はぜひ見ていただきたいものである。冒頭の語り，「日本の教育は知的には高いレベルにあるが，こころを育てる教育という点では，まだまだ問題を抱えている」とのメッセージには，多くの教育関係者に痛みを感じ取ってもらいものである。

　もうひとつ紹介したい内容がある。筆者のワークショップ受講生の母親から，高校生のご子息を紹介された。直接本人からメールをいただいたので，ここに掲げることにしたい。T 君のお父さんは彼が小学校 5 年生（11 歳）のとき，突然死で亡くなった。今は高校 1 年生になった T 君は，それまで父親の死を誰にも語っていなかったのであるが，高校生になってはじめて友人に語り始めたというのである。その経験を自分で振り返り，メールをいただいた。

注
3 東京都世田谷区太子堂 5-24-20-201

水野先生へ

　母がワークショップでお世話になっております。息子のＴといいます。父は僕が小学校５年生のとき、突然亡くなりました。亡くなってすぐのときは、とても孤独を感じていました。そして、周りに絶対このことを知られたくないと考えていました。なぜなら、当時は、周りの人と自分は同じでなければならないと考えていたからです。そのときには、母以外には誰とも自分の気持ちを話せず、とても悲しかったことを記憶しています。

　どうして自分の気持ちを言えなかったのか、それは先生がただひたすら「**頑張れ！**」としか言ってくれなかったからです。そのときは、亡くなったことでさえ辛いのに、まだ頑張らなくてはならないのかと思いました。

　中学生時代も小学生の頃と同じく、ほとんどの人には父のことを話すことができませんでした。ただ、中学２年生のときに、僕は応援することの凄さを学びました。それまでは、そっけなく使っていた「応援しています」とか、「そばにいるよ」という言葉の重さについてです。立志塾という、僕の住んでいる町の市長が提案されたもので、夏に２泊３日で東日本大震災の被災地に出向くというものでした。そこで実際に、被災者の方とお話をさせていただいたとき、「頑張れ」という言葉が辛かったと聞きました。

　父が亡くなったあとの僕と同じ感情だなと思いました。ですから、学校の先生には、そういう想像を絶するような経験をした人に対しては「頑張れ」ではなく、「**応援するよ**」と言ってほしいと感じるようになりました。

　ぼくは今、ある私立高校に通わせていただいています。そこで僕は

夢を持つことの大切さ，そして他人と自分とは違ってもいいんだ，ということを学ぶことができました。この学校では夢教育というものを推進していて，生徒の夢に対する先生の気持ちがとても熱いです。一生懸命に生徒に接してくれる。そして，頑張れとは言わず，無理をするなと傍で見守ってくれているこの学校で，僕は本当に大きく成長できました。夢を持つことができて，今はその夢に向かって全力で頑張っています。何があっても，たとえ父がいない，という他人との違いがあったとしても，夢さえ持っていれば，その夢に向かって全力を注げることを知りました。だから，僕はこの学校が大好きです。とても行事が多く一見大変そうですが，僕はこの学校に入ったことで救われました。これからも前向きにやっていこうと思えるようになりました。

　こうして今では，父のこともポジティブに考えられるようになりなりました。父はいつでもぼくの傍ら近くにいますし，支えてくれていると考えることができます。そのために，良いことがあると心の中で，「父さんが助けてくれたんだな」とよく考えることがあり，亡き父に感謝する気持ちが湧いてきます。

母親のコメント：
　私の夫は，2011年10月に，37歳で急逝しました。死別後の私は，「今，この瞬間」を生きることで精一杯で，息子のこころのケアをする余裕は，まったくありませんでした。「とにかく，私がしっかり前を向かなければいけない」と思い，必死に遺族会に出向きました。少し気持ちが落ち着いたころ，子どものグリーフケアをしてくれる場所を探しましたが，近くにはなく，遠方まで連れていく気力も体力もない状況でしたので，そ

のまま何もしてあげることができませんでした。このたび，息子が水野先生にお送りした文章を見て，あらためて息子の抱えていた大きなグリーフに気づきました。夫は，息子のことも私のことも，心から愛してくれていましたし，私たちも愛していました。一周忌のとき，「パパの声が聞きたい」と泣く私に，息子（当時小6）が言いました。「ボクはそうは思わない。声が聞こえたら，今度は姿が見たいって思っちゃう。姿が見えたら，生き返ってほしいって，絶対に思っちゃうんだ。でも，絶対にそれは無理なんだから。だからボクは，声が聞こえなくていい」と言いました。

　息子は今，夫が行かせたいと考えていた学校に通っています。息子も私も，そのことを忘れていたのですが，なぜか受験直前でその学校へのご縁がつながりました。夢を持ち，毎日を生き生きと過ごしています。夫は今でも生きていて，とても近いところで，私たちの人生を応援してくれています。声が聞こえなくても，姿が見えなくても，いつも　いつまでも私たちは一緒です。

　これらの内容からも，学校教師には，ぜひグリーフ教育あるいは死の教育を受けてほしいと願わざるを得ない。さらに専門家の支援を受けたり，また喪失体験者を教室に招き話を聴くのが効果的だと考える。人生には大きな喪失があることを知っておくことは，人生の奥の深さや複雑さを教えるもので，こころの教育の中心課題だといえる。

　さらに，養護教諭やスクールカウンセラーには，死別体験をもった子どもにどう対処するかも知ってもらいたい。がんで亡くなる人は昨年37万人いて，男性が多数を占めている。なかには女性で子育て中の若いママの死も多数含まれている。親を喪った学齢期の子が多数いる現実を直視する

とき，子どもへのグリーフサポートは公共性を帯びた課題といえる。

　筆者が主宰するNPO法人は，仙台にある「NPO法人 子どもグリーフサポートステーション[4]」と提携を結んで，現在のところ，小学生対象に，隔月でグリーフサポートを実施している。関係者の努力で関東各地にようやく子ども向けの活動が開始された。今後の継続的発展を期待したい。

　若い教師に「死を考えなさい」といっても，本人に特別な体験がないかぎり難しいであろう。しかし，いのちの教育・生命教育に関心を寄せるとか，体験者・養護教諭・スクールカウンセラーを交えた話し合いを幾度もすることにより，対応の仕方が分かってくることがある。

　ナラティヴ・アプローチの視点からの助言をさせていただくと，小学校高学年以上の年齢の子であれば，その気持ちを，まずはじっくりと傾聴することから進めてほしい。その際，激励・助言はしないことが，大切なポイントである。激励は，語る行為の妨げとなる。先回りして結論を押しつける教師の役割を停止して，互いに限りあるいのちの持ち主である人間として，誠実に傾聴に努める。死をめぐる空しさ・不条理感・困惑・無情・無常感等を共感できると，いっそう話し手が話しやすくなるであろう。傾聴後は「よく話してくれたね」とお礼を言うのである。時間はかかるが，幾度も話を聴いていくうちに，語ろうとするストーリーがみえてくるものである。その際，語られるストーリーがいっそう豊かになるために，質問をして，その意味内容を豊かにするように貢献することはできる。

　語るストーリーの輪郭がみえてくると，語り手は不条理な死および死別をその子なりに受容できるようになる。その時間的余裕と根気が必要である。

注

4 〒980-0022　宮城県仙台市青葉区五橋2-1-15 仙台レインボーハウス内
　TEL 022-796-2710　代表理事 西田正弘氏，副理事 滑川明男氏

(2) おとなへのグリーフ教育

　おとなへのグリーフ教育を考えるうえで，まずは，手がかりになると思われる事例を三つ紹介したい。第一は，親の介護に専念しているとき，その親が亡くなられた事例である。そんなとき，親友なら友人としてどう向き合ったらよいであろうか。第二は，子どもを喪った母親にどう声かけしたらよいか，親友はどういう姿勢を取るのがよいのか，を考えてみよう。第三は，伴侶を喪った方の近くにいる親友としてのリアクションである。

第一の事例

　60歳になるY子さんは，90歳の母親の介護に5年間も専念してきたので，お母さんが亡くなられると，まるで放心状態に陥り，大きな絶望感と空虚感を抱かれるようになった。高齢者の母親の死であるから，家族も周囲の人もこころの痛みよりも，介護問題から解放されたY子さんに「お疲れさまでした。よかったね」とか「大変でしたね。あなたは本当によく面倒をみられましたね。これからは安心して睡眠が取れますね。ご苦労様でした」という言葉かけをされた。しかし，彼女の気持ちはまったく違っていて，介護していたときとは違った大きな喪失感に見舞われている。そんな彼女に，親友ならどう声かけしたらよいであろうか。

　まずは世間の常識を押しつけないことが大事なポイントである。「90歳の親の死なんて大往生ですよ」とか，「あなた，本当によくやられたから，悔いはまったくないでしょうね」などの声かけは，彼女の喪失感情をまったく理解しない言葉かけになる。まず心がけることは，じっくりと時間をかけて，彼女自身の気持ちを語ってもらい理解を深めることが必要である。助言や自分の意見を述べるのは，グリーフケアにおいては常に控える必要がある。

第二の事例

　最愛の12歳の娘さんを病気で亡くしたＳ子さんの事例。お子さんは突然の病で倒れられ，手を尽くす時間もなく亡くなった。Ｓ子さんにはもう一人女の子がいるのであるが，亡き娘に大きな悔いが残り，なんとか生きていてほしかったと強い罪意識を背負っていて，自分を責めておられる。これまで親しかった友人も声もかけられず，彼女自身も友人に会おうとせず，独り孤立状態にあった。そんな彼女への対応はどうすればよいのであろうか。

　友人が声かけするとすれば，「あなたには，もう一人お子さんがいるのだから，亡くなった子をいつまでも悲しんでいると，残された子がかわいそうではないか」と，これも世間の常識を押しつけることになりがちである。さらには「いつまで泣いているの？」と非難めいた激励をすることになる。これが辛さを倍増するといえる。これを言われるのが怖いし辛いので，孤立化してしまう。こんなときは，黙って見守るしか手がないのであろうか。そうではなく，こんなときこそ，親友であることを証明する必要がある。本当に相手を思いやるなら，何も言わないで，黙って背中に手を当て，手を握り，寄り添ってあげることが必要である。一緒に虚しい気持ちや絶望感を分かち合ってもらいたいのである。まだ言葉にもならず，悲嘆をどう表現したらよいか，手探り状態にある。そしてできれば，ネットでグリーフケアの集いが近くにないか探してあげてほしい。きっと同じ境遇の人と出会うであろう。かつての親友の役割はそこまでである。それ以後は，新しい人々の関わりを深めることで，こころの痛みが少しずつ軽減されてくるはずである。

第三の事例

　ここでは二つあげたい。最初は，がんによってまるで突然死のように妻を喪って困惑する男性の事例である。K氏は，生前，台所に立つ妻からよく「さあ私の横に一緒に並んで，炊事の手順を覚えておきなさいよ。いざというときにきっと役に立つわよ」と言われてきたが，「いざというとき」という言葉に反発心があって，妻の言うことには従わなかった。妻の言ったとおりのことが現実となった今，台所に立っても，何もする気も起きなくて放心状態になっていた。何か食べたいとは思うが，作る気は起きなかった。そんなとき台所の片隅に，まだ温かなコンビニ弁当がそっと置かれていた。ゴルフ仲間が食べても食べなくても邪魔にならないように，K氏のために配達してくれたものであることが後にわかった。無我夢中で弁当を食べたということである。黙って弁当を差し入れる行為は素晴らしいものといえる。

　K氏は，自分が途方に暮れているこんなときこそ，市役所に相談しようと，高齢者福祉課に電話相談に乗ってもらったところ，さっそく女性の介護福祉士が来られた。しかし話を聴いてみると，妻の死によるこころの問題だとわかり，介護の相談とは違うというので帰ってしまった。K氏は自分が困っているのに，手をこまぬいている役所的姿勢に怒りを感じ，福祉部長を呼び出して率直な意見を述べたところ，「死別の苦しみであれば麗澤大学の水野先生が主宰する『痛みの分かち合い』に参加してはどうか」と勧められ，さっそく，当時，国立がん研究センター東病院と提携して進めていた柏市柏の葉地区での集いに参加されるようになられた。

　この事例で学ぶべき点がひとつある。全国都道府県市町村の役所窓口には，相談センターが開設され，こころの相談窓口まで開設されているが，喪失によるこころの痛みには対応できていないことである。メンタル・ク

リニックでも，またカウンセラーも，死別による痛みは別だと言って拒否するところが多いと聞いている。グリーフケアに関する社会的公共的意識が育ってはいない。だからこそグリーフ教育が求められているのだと痛切に感じている。

　もうひとつの事例は，比較的若くして夫と死別した妻の事例である。Oさんはまだ33歳の若さで夫をがんで亡くされた。辛い思いをしていると聴いた友人たちが，友を心配して駆けつけたのであるが，どういう言葉かけをしたらよいか，困って相談に乗ってほしいと訴えられた。

　筆者は同じ境遇にある別の方から教えられたことがある。

　「親友の親切心が一番の問題で，最悪の言葉かけは，"**辛い過去なんて早く忘れなさい**。あなたはまだ若いのだから，過去を断ち切って，未来に向けて素早く立ち上がりなさい。**再婚も夢じゃない**でしょ"というものです。気持ちの転換や，早い回復を強要するとか，気持ちも推し量らず再婚を勧めるのは最も無神経な発言です」

　親友や親戚の人の言葉は，どんなに深い愛情をもって気遣いながらも，口から出る言葉や態度が相手の置かれた**状況や心理状態を配慮しない**ものであれば，世間の常識に従う一般論でしかない。つまりは"自分の気持ち"といいながら，自分が依存している社会常識を押しつけているのである。決して友人の今の気持ちとか喪失の悲嘆に対する，その人独自の向き合い方や語り方には注意が払われてはいない。相手の心理的状況に応じた対応でなければ，相手を傷つける結果になりかねない。喪失体験者の方々の話でも，一番傷ついた言葉かけは，親しい友から受けたものだと答えている。

　最も適切と思われる言葉かけはといえば，自分と相手とのそれまでの人

間関係によって異なるので一括りにはいえないが，ひとつの提案としていいたい点は，まずはかわいそうとか気の毒だとする自分の衝撃や気持ちから離れ，人生の大きな波乱に遭遇して，複雑な心境にある友の気持ちを傾聴し受容することである。どんなに親しくとも，相手は伴侶を亡くし，まったく未知の世界に飛び出したばかりの人である。以前は親友であっても，別の人格だと考え，こころの距離をおき，落ち着いた穏やかな雰囲気の中で，黙って手を握ることが求められている。話すとか話さない自由を**相手の判断に委ねる**ことが大事であろう。

　親友とはいえ，ことグリーフケアに関しては，経験者を除くと，誰にとっても対応の仕方は難しい課題となる。そのうえ喪失体験者でも，誰との死別か，死への状況—死亡原因や死別のプロセスの違いから，すべての感情を分かち合えるものではない。このことは，喪失に由来するこころの痛みがいかに複雑であるかを物語っているといえる。そのために，グリーフケアの一般論を知っても有効ではないことがある。学習した内容が，すべての事例に当てはまる一般論ではないといっても過言ではない。それでもグリーフ教育・グリーフカウンセリング講座で学習しておくことが必要である。なぜなら，喪失は誰の人生でも起こり得る，生きものである人間の避けられない宿命ともいえる課題であるからである。

　喪失は連続した人生を断ち切って，その人の境遇をすっかり変えてしまうような影響度が強い出来事である。しかし反面において，大切な人を喪うという悲劇が，**人生の価値・いのちの価値を学ぶ良い機会**となる。愛する人との出会い，共に生きた人生を，貴重なものと痛感する機会は，もう二度と出会えないという喪失によって，もたらされるものといえる。したがって，喪失によるこころの痛みの感情を分かち合うことは，痛みを軽減するための手段であると同時に，それぞれの人生が，どんなに重い意味を

もち，どんなにか大切であるかを，語り手も傾聴者も，互いに学び合う機会でもある。

(3) グリーフ教育の要点

最後にグリーフ教育の要点をまとめておきたい。

第一に，隣人・友人で喪失体験者が出たら，まずは黙って安心安全を見守るように配慮することが優先事項となる。なぜなら喪失は生活するうえで必要な集中力を奪うからである。買い物中でも何を買うか目的意識が定まらなくて，ぼーっとしていることが多い。ことに運転中は危険が伴う。

とはいえ，気落ちしていて元気がないからといって，決して激励などしないことが必要であろう。その人の置かれた状況を十分に理解することなく，むやみに激励することは，言葉の暴力と同じである。まずは語ってもらい，傾聴させてもらうことが必要となる。元気づけようとすると，どうしても叱りつける上から目線となりやすい。助言・指導は間違いを犯しやすい。悲嘆者は，支援者の人生の教師と考え，むしろ教えてもらうという気持ちから近づくとよい。体験者の多くが身近な人によってこころに傷を受けていることをよく考える必要がある。

しかしながら，逆に近づかないようにするとか，無視するというのも孤立化を招くので，まずは黙って寄り添う姿勢を示すようにする。必要なければ黙って退くようにする。あれだけ親友だったのにと恨みに思うような気持ちは，双方にとってマイナスとなる。

親しい友人・隣人だけができることがある。状況をみて必要なものをそっと運んであげるとか，生活することすら困難だと感じている場合には，弁当を差し入れるとか，あるいは銀行・郵便局にお金を引き出すとき，新しい契約をするときなどは運転を代行したり，付き添ってあげることが求

められる。このように生活の安心安全を見守るのが，友人・隣人の務めである。

さらに踏み込んでサポートできることがある。一年を通じてこころの痛みが襲ってくることがある。命日・月命日・記念日・母の日や父の日（娘が死んでカードが来ない）などに痛みに襲われることが多い。そのように体験者へのサポートが，グリーフケア教育の内容をつくってゆくものといえる。その経験を地域や友人たちに分かち合うようにすることが，グリーフ教育の実践になる。

第二に，グリーフ教育は生涯教育の重要な課題であることを述べたい。生涯学習の場では積極的にテーマとして取り上げ，何回も取り組む必要がある。

筆者は年に幾度も県の生涯学習講座および高齢者が集うシルバー大学院の講義を長く担当させてもらってきた。そのつど，「老いと死をめぐるテーマ」について話す機会があった。それらの機会を通じて感じていることがある。それはエンディング・ノートのブームも手伝ってか，死のテーマを拒否する姿勢が弱まってきたように思われることである。それはよいことには違いないが，生と死をめぐる問題が，エンディング・ノートの記入で終わったり，墓地づくりですべて卒業だと思いこんでいる人々が実に多いので，驚いている。それらはみな大切ではあるが，それで終わりではない。むしろ最も重要な内容を疎かにしているといえよう。そのいくつかをあげたい。

そのひとつは，米国で静かに進行中の「**倫理的遺言**」(ethical will) の名称で呼ばれる，価値観の伝達の課題である。ユダヤ教徒の慣行であったものを今日広くアメリカ社会が受け継いでいるといえる。小森康永氏がカナダのＨ・Ｍ・チョチノフ博士によるアプローチを紹介した『ディグニティ

セラピーのすすめ』（2011，金剛出版）は，各人の価値観を引き出すための質問を八つに絞っている。その一つひとつが独自の人生を支える価値観を引き出すための質問といえる。ここに二つだけ紹介したい。第一の「あなたの人生において，特に記憶に残っていることや最も大切だと考えていることは，どんなことでしょう？　あなたが一番生き生きしていたのは，いつ頃ですか？」と，最後の第八の「将来，大切な人の役に立つように，残しておきたい言葉ないし指示などはありますか？」の両質問は，過去の思い出を生き生きと語り直すためにも，また，未来に託す希望を聴きとる意味でも，重要であると思う。

　第一の質問および第四の質問，さらには第五の質問で尋ねられる人生観・価値観，さらには達成したこと・誇りに思っていること，これらが一番答えにくいが，一番大切な点である。人間の課題は，ひとことでいえば，前の世代から託されたものを自分の生涯を通じて取捨選択して，つぎの世代に遺すべき，伝えたい内容を明らかにすることに尽きるといってもよい。しかも，これらの質問は，問われたとき簡単に答えがでるものではない。幾度も実際に問われてみて，対話を重ねるいわばその成果として到達できるものといってもよい。

　第三に，最近欧米でブームとなっている「**デス・カフェ運動**」について考えることにしよう。この運動は，生と死をめぐる問題をカジュアルな雰囲気の中で議論する良い機会であると思う。死を忌み嫌う社会風潮に対抗する市民運動といえる。死の意識が高まり，生き方上手な人・死に方上手な人が増えることが期待されている。毎年高額化する高齢者の医療費が死を前向きに考える人々の増加によって，少しでも削減されることを願うものである。

　筆者は，人類のこれまでの生と死をめぐる運動の中で，このデス・カフェ

運動は，三番目に位置づけるべき大きな意味を担っていると考えたい。それは，はじめての市民主体の運動であると理解している。

これまでの死生学運動の出来事を羅列しよう。

1. 14世紀，中世ヨーロッパのペスト大流行の時代に始まった「メメント・モリ」（"死を忘れるな"の流行語）の運動。
2. 人工呼吸器・脳死にはじまる高度医療時代と共に死を考える運動が開始。1980年代にピークを迎える。日本では1990年代に議論。
3. デス・カフェ運動は，人々が自分の死に向き合う運動といえる。尊厳死・安楽死の議論も含められる。

デス・カフェはスイスのジュネーヴ大学の社会学講師で死を研究テーマとしていたバーナード・クレッタズ（Bernard Crettaz, 1938～）氏によって，彼の妻の死後，始められたものである。コンセプトはシンプルで，カフェやレストランなどでケーキを食べたり紅茶を飲んだりしながら，カジュアルな雰囲気の中で死について語り合おうというもの。これがイギリスに飛び火して，今日の大ブームとなった。ブームに火を付けたのが，イギリスの社会起業家ジョン・アンダーウッド（John Underwood）氏。デス・カフェを開催するためのガイドラインを作り，ウェブサイト上で公開中。大切にされていることは主に次の三つである。

1. 一人ひとりが自由に自分の考えを表現できるようにすること。
2. 特定の結論を出そうとしないようにすること。
3. カウンセリングやお悩み相談になりすぎないようにすること。

しかし筆者は、日本で行う場合には、毎回テーマをあげてみたらどうかと考えた。そして実際にやってみた。テーマは以下の三つから選ぶというものであった。

1. 「私は他人（家族・友人・患者）の死からこんなことを学んだ」
2. 「私にとって、死とは……である」（たとえば、死は敗北でも、神の裁きでもない。人生の終焉・完成である。ゆえに過剰な延命治療は避けたい）
3. 「自分の死を見つめ、限られた自己の人生（いのち）を社会のために、または他者のためにどう活用するか？」「自分の死を見つめたとき、次世代にどんな価値観を遺すか？」

（4）グリーフケア従事者への教育

最後に、グリーフケアに従事する人々にとって、生と死について考えること、特に自己の死、あるいは大切な人との死別を意識し、その準備としてグリーフケアに従事するという姿勢が不可欠の課題となることを述べたい。もし、自己の死・愛する人の死の準備はなくて、ただ他者の困りごとのためのお節介というだけの意味なら、グリーフケアで傾聴する悲嘆のストーリーは、語る人の悲嘆だけにとどまってしまって、他者が関与する意味はなくなってしまう。それこそ見知らぬ他人の困りごとでしかなく、悲嘆の傾聴時も「聴いてあげよう」とする上位者の姿勢を貫くことになる。グリーフケアでは、語り手と聴き手は常に平等であり、対等である。

筆者は死生学の専門家ではないが、喪失体験者からひとつの大きな課題というか、考えるべき主題を託されてきたように考えている。たとえていえば、人生は、あたかも昼間の太陽の輝きを受けて、植物が目に見える形

で成長を遂げているように理解できる。学校教育も，その太陽が輝く世界で活躍するための知識を習得させるために存在するといえる。しかし，一度愛する人を喪失した以後は，太陽の輝きはあまりにも眩しすぎて，人通りの激しい昼間の日常世界とは異なった，むしろ月灯りに照らされる暗闇の世界に誘われ，こころの目を開くような感じがするというのである。世間体とは異なった，スピリチュアルな精神世界といってもよいし，仏教でいう**無明（迷い）の世界，煩悩の世界**といってもよい。無明の世界を単純に否定的に捉えるのではなくて，むしろ無明の世界にさまよう心境が，苦悩のすえに，やがて太陽が輝く明るい世界を自ら選び取るような，生き方の転換プロセスに，グリーフケア従事者は共に関わってゆくのである。

そのとき，グリーフを，あるいは悲嘆を否定する形で従事すると，自分の仕事に肯定的な意味を見いだせないことになる。すなわち共に無明の世界をさまよう経験を大切に考える必要がある。語り手と共にじっくりと無明の闇にさまようことを喜んで引き受けるようにしたいものである。

もし大きな喪失による悲嘆の感情の重苦しさに耐え難い心情に陥ったときは，ひとつは，拒否感・嫌悪感が自分の脳の活性化につながり，老齢化を食いとめていてくれるものと理解しよう。あるいはさらに，人の世の苦悩を知らず，悲嘆も知らずに，明るい太陽の下でぬくぬくと生きてきた自分を恥じ入るのもよいであろう。さらにはまた，多くの人々の悲嘆にふれる気力が失せたときには，独り静かに旅をしてこころを癒すのもよいであろう。そんなとき，全国にある神社・仏閣・教会などを一人訪れて，静かに祈ることも大切なこころの糧になるであろう。

喪失によるこころの痛みにふれる体験は，必ずやスピリチュアルな世界に足を踏み込むことになる。こころの痛みは，スピリチュアル・ペインといえるし，愛する対象を喪ってはじめて，人はスピリチュアル・ニードに

覚醒するのである。先に述べた無明の世界も，月のほのかな灯りも，スピリチュアル・ニードに導かれているのだともいえる。喪失によるこころの痛みは，人間の不可思議なこころの世界そのものだともいえる。こころの世界に深くつながることができるグリーフケアは，**尊くて厳かな神秘的な世界**でもあることを最後に強調しておきたい。

第3章

ナラティヴによる
グリーフケアの実践

本章のねらい

グリーフケアになぜナラティヴか

　患者の困りごとやこころを痛めていることに，カウンセラーやセラピストは，専門家として治療に当たることになる。グリーフセラピーの専門家は，喪失による悲嘆を問題として認め，その治療に当たることになる。来談者は喪失を自分のせいだと考えてセラピストを訪問するので，まずは，人間自身から問題を引き離し，問題を問題として扱う外在化した質問を繰り返すことから治療を開始する。

　しかし，グリーフケアは，カウンセラーとかセラピストとは違って，喪失による悲嘆を治療対象と理解するのではなくて，ケア，つまり悲嘆にある人に「寄り添う」ことと同時に，筆者は特に，ナラティヴ的傾聴法に依拠して，語られる「ストーリーを注意深く傾聴」し，対話を通じて「ストーリーの語り直し」にまで導くことを主要な目標にしている。グリーフケアでは，それを治療行為とは考えないで，喪失体験者に必要なプロセスだと位置づけて

いる。

　ここでストーリーと表現するのは，人は現実を説明するとき，原因結果を含めて，ひとつのまとまりある物語として，他者に伝えるものだからである。たとえば，診察室で「いや，先日，久しぶりに親友と飲んでしまって，どうも飲み過ぎたんでしょうね。あれ以来，体調が悪いんで，このままでは仕事にも影響しそうなんで，今日は会社を休んできたんです」のように話すことがある。物語作家でなくても，人は他者にストーリーを語って，意味を伝えようとする。無意味なストーリーもあるが，語るうちに意味が明白になる。「語る」行為は，聴き手との関係性を育み，その影響は周囲に及ぶ。意味を伴うために，それと気づかぬうちに文化を形成することにもなる。

　ことに人生上の喪失は，過去の人生を凝縮するかのように，思い起こし，出来事の意味を重層構造化し，無数の糸がもつれた複雑なストーリーになり，それをひとつずつ整理する過程が，意味ある重要な営みになる。

　本章では，筆者が何ゆえにナラティヴ・アプローチに魅力を感じて，グリーフケアの現場に持ち込もうとするのかを，詳しく述べることにしたい。そのためには，マイケル・ホワイトと正面からぶつかる必要があるであろう。筆者は彼と対等の立場にはなく，少し専門領域にズレがあることを承知しながらも，なお彼の実践に大きな魅力を感じているので，その点を中心に議論を進めたい。マイケル・ホワイト著『ナラティヴ実践地図』（小森康永・奥野光訳，2009，金剛出版，以下『実践地図』と略記）を中心に対話を進めたい。

1　自然主義的な語り

(1) いのちには限界があり，寿命には従うしかないという考え

　人間が日ごろ大切にしているものを思いがけず喪うという経験は，望ましいことではないが，避けられない現実である。飼っているペットの場合もあり，ものであることもある。悲痛なのは慈しんで育てた子どもであったり，かけがえのない伴侶であったりする。そこで喪失による悲嘆を，逃れられないもの，引き受けなければならない自然の営みだと理解すれば，厳しい現実を認め受容し，従うしかない。この考えは，一面的ではあるが，間違いではない。ここにグリーフケアのひとつの姿勢が成り立つ根拠がある。

　いのちある存在が永遠に生きることはなくて，移ろいやすい自然の姿というものが手本になって，すべてのいのちは，いつかは死すべき運命にあるといえる。それをありのままの現実と理解し，「泣いていても仕方ない」と冷厳な現実を直視して諦めて従うか，あるいは悲嘆する行為に意味を認め，悲嘆が悲嘆を癒す力があるものと信じて，ひたすら泣く行為を取り続ける。いのちの問題に対する，消極主義的アプローチといえる。それはまた自然主義的でもある。

　筆者が，喪失による悲嘆を抱える人々に定期的に集まってもらうため，研究室に受け入れるようになり数年が経過したとき，悲嘆・絶望・無気力の状態にある人々のなかから，思いもかけない語りを聞くことができるようになった。自分の人生に従容として従う姿勢がみられるようになった。その結果，「人間は一定期間苦しむと，本質的に，現状を肯定し，さらにそこから脱してゆく力が湧いてくるのではないか。悲嘆は人生再構築のた

めの必要条件だったのではないか」と，自分流の理解をして納得していた。これは一種の自然主義的ともいえる。

　そこには，たとえ社会的な事件になったような悲劇的な死別にせよ，喪失，ことに死別は，やはり自然の出来事の一部であるため，人間はこれを認め，最終ゴールを自然のこととして受け入れるしかないとの姿勢が働いていた。すべての体験者がそうだというわけではないが，考え方の底流には，限りある寿命ではないか，人の運命として，自然の流れとして，受容しようとする感覚が機能している。

（2）自然主義的であることの欠点

　ナラティヴ・アプローチの創始者であるマイケル・ホワイトは，問題を人間の本質（本来の性質）のせいにするとか，人格に結びつけて理解する態度を「自然主義的」あるいは「内在的」と呼んでいる。こうした理解の仕方には，致命的欠点が隠されていると述べている。ことに周囲から諦める姿勢を強要されたり，避けられない事態だと諦めるよう説得されることがある。当人にとっても，容認して忍従するしか道がなくなり，結果的に，**問題を複雑にしてしまう**。かえって**問題解決を遅らせてしまう**ものだと説いている。

　確かに，寿命として諦めるしかないというような語りを導く説明の仕方は，正解であるとともに，ときには美しい概念とみえる。しかし，「人生の展開における社会関係的な歴史という重要な点を曖昧にする」し，さらに「豊かなストーリー展開を促しはしない」ことになる。「自然主義」の語の使い方や範囲について彼自身は多くを語っていないけれども，彼の思想や根幹にみられる「構成主義」および「社会構成主義」からみて，当然の結論といえる。

社会構成主義では，多くの人々が自然的と考える生と死の概念ですら，決して自然的とはいえないと主張する。

　「世界やわれわれ自身を理解するための言葉や形式は，社会的産物である——すなわち，歴史的・文化的に埋め込まれた，人々の交流の産物である」（K・J・ガーゲン著『社会構成主義の理論と実践』永田素彦・深尾誠訳，2004，ナカニシヤ出版，63頁）

　つまり「自然的」と理解してきた死とか喪失および死別という概念ですら，決して自然にできあがっているのではなくて，ある思考のパターンを継承した文化的交流の調整物でしかないというのである。
　その証拠に，われわれは死をめぐる多様な表現を知っている。

「死んではおしまいだ！　生きてこそ華が咲くよ」
「彼はほとんど死んでるけど，まだ頑張っている」
「死は無だ！」
「死は人生の完成だ」
「死は人生の敗北である」
「いや，死は医療の敗北であるが，人間の敗北ではない」

　これらの死の意味づけの多様性は，自然的に決定されているのではなく，**歴史的文化的に意味づけられている**にすぎないといえる。
　これは一般論ではあるが，多くの日本人は，受け入れがたい現実でも，その背後にあって，いわば運命を支配している大いなる**自然の作用に摂理を感じて**，そこになんらかの意味を見いだし，不本意な出来事でも諦めて

従うという姿勢をみせてきた。

　自然主義に沿って語られるストーリーには，「時間薬（くすり）がまだ効かないよね」，「仕方ないね，寿命だと考え諦めるしかないね」，「"不運な人生"でも受容するしかない」とばかり，自然の重みにただ圧倒され続けて，泣き寝入りするだけで終わってしまうことがある。語りが貧しいとは，こういうケースにありがちである。ただひたすら自然の恵みが到来して癒されるまで，時間の経過を待って，繰り返し嘆き悲しむのである。

　ところが，なかには自己を**大いなる自然に積極的にゆだねる**ことで，人生を主体的・能動的に創造しようとする姿勢も生み出される。個人の能動的・主体的な努力による「語り直し」とか，「人生の再構築」への積極性・創造性が認められるケースもある。前者とは異なった「自然主義」であって，同一に議論できるものではない。これは一見すると消極主義にみえるが，積極的消極主義でもある。

　日本語では，前者は「**おのずから**」であり，後者は「**みずから**」の姿勢であるが，漢字で書けば「自（か）ら」になり，区別はない（竹内整一著『「おのずから」と「みずから」──日本思想の基層』2004，春秋社）。両者共に同じ自然主義的だとみられてしまう。つまり日本の伝統文化では，現実は自己自身の感情も認知の視点も越えたところに「おのずから成ってくる」ものなので，それに感謝して従うことになる。一種の悟りの心境にも近い。この場合にも，マイケル・ホワイトのいう「**貧しい語り**」になってしまうのであろうか？

　筆者の答えは「イエス」でもあり，「ノー」でもある。

　マイケル・ホワイトの視点に寄り添って考えてみることにしよう。現実を自然の出来事として苦悩のすえに受容するという，悟りともいえる心境に到達して，自らの人生が遭遇した厳しい現実を受容したときにも，語り

は，ただ結果的に成ったというだけで，そこに豊かな説明など期待できないとすれば，プロセスの違いはあっても，結果的に同じではないかといわれてしまう。

　もちろん例外はある。柳田邦男などは，次男の死を積極的に語り，その悲嘆からの回復のプロセスまで明らかにしている。それは大多数の人にはまねのできない事例といえる。彼はグリーフケアによく精通しており，自らのために，そして他者のために多くを説き明かすことができた稀有の出来事であったと理解したい。

　つまり，多くの人は，自分が自分のために納得することだけを目標にしているために，せっかくの「自らの体験」を語ることを疎かにしがちである。自己自身が他者との関係の中で，あるいは歴史的・文化的関係のなかで存在しているとは考えていない。**他者との多様な関係性**の中で自己を捉えてはいないからである。結局は，こころの軌跡は他者からみれば，神秘のベールに包まれて十分には明らかにされない。自己満足の世界だけが広がってゆく危険性がある。その欠陥を埋める作業が必要である。他者との交流である。質問を受け，応えてゆく応答関係に身を置くことが課題だといえる。

　そして，もうひとつ，多くの人の現実をみる視点は，ひとつに限定されてしまっているために，語りが貧しくなってしまいがちである。現実はひとつの真実だけで成立するのではなく，多様で多次元のストーリーが同時共存するなかで，人は，自己に納得できる，ひとつの**「物語的真実」**[1]を求めてゆくものである。幾度も語るうちに別の物語化が可能であることに気づく。その無限の過程が人生そのものといえる。悟りが人生の無限の歩みを止めてしまってはならない。他者に語ろうとする努力，他者の語りを聴こうとする努力，その関わりが，新たな人生を構築するものといえる。

ただし，自らの主体的姿勢で閉ざされた視界を開くとか，積極的な努力により新たな心境に達するということは，文化を越えた広い精神世界を開くことにつながるものといえる。亡き人との深い絆を見いだしたという語りは，いわゆるスピリチュアリティの世界のことで，人のこころの安定と拠り所を得る意味でも大切な内容を含んでいる。それでも，なおナラティヴ的にいえば，自己の精神世界を他者に語る努力を惜しんではならないであろう。他者と共に亡き人を偲ぶ，リ・メンバリングする会話の機会を積極的にもつことが，語り直しにもなり，また他者支援にもつながるからである。このような意味において，他者へと開かれた悟りであってほしい。モノローグ（自問自答・自省）よりもダイアローグ（対話）を重視するのが，ナラティヴ・アプローチの大きな特色である。また当然ながら，自分だけでこころの痛みを乗り越えようとするのも，一種の自己中心主義の現れといえる。

(3) ナラティヴ・アプローチへの道筋

　マイケル・ホワイトが自然主義の名で批判したのは，前者の素朴な自然主義であると感じるが，実は後者の積極的な自然主義も，豊かな語りに結びつかないものである。どうしたら人生の語りを貧しくしないようにできるか。単に生じた事態に忍従し，苦しめられるだけで終わってしまわないで，そこから何かを掴みだして語り直すところまで，支援を続けたいと考

注
1 物語的真実とは，ジョン・マクレオッドによると，過去のあり様を説明した歴史的真実とは異なって「出来事やそれに対する情緒的反応を整合一貫して説明しようとする試み」だと説いている（ジョン・マクレオッド著『物語りとしての心理療法——ナラティヴ・セラピィの魅力』下山晴彦監訳，野村晴夫訳，2007，誠信書房，162頁）。筆者は，これを受けて，成熟したストーリーとして，当事者を納得させる良質な内容を指す用語として使っている。

える。方法論的には，ナラティヴ・アプローチに依拠しながら，可能な限りそれに沿って進めることにしたい。

　先に紹介した「社会構成主義」のメッセージである「世界やわれわれを自身を理解するための言葉や形式は，社会的産物である——すなわち，歴史的・文化的に埋め込まれた，人々の交流の産物である」の記述に沿って，マイケル・ホワイトのナラティヴ的対応の仕方を具体的に伝えたい。主な内容はマイケル・ホワイト著『実践地図』第3章「リ・メンバリングする会話」を手がかりにしたい。

　筆者は，マイケル・ホワイトの原著が刊行された同じ2007年に，ロレイン・ヘツキとジョン・ウインスレイドの共著『人生のリ・メンバリング——死にゆく人と遺される人との会話』（小森康永・石井千賀子・奥野光訳，2005，金剛出版）に出会っていた。この訳書は，筆者が2007年，ブラジル・サンパウロで開催されたIWGと呼名される国際死生学会（International Work Group on Death and Bereavement, 死と死にゆくこと及び遺族ケアに関するグループ研究による国際会議）に招待されたとき，立ち寄った米国カリフォルニア州レッドランズ大学大和田康之名誉教授から手渡しされた。著者の一人，ロレイン・ヘツキ氏は，1978年，レッドランズ大学の一部ジョンストン・カレッジの卒業生で，大和田先生の学生の一人でもあった。筆者は，彼女が卒業した翌年9月に，客員研究員として同大学に2年間滞在し，臨床心理学・トランス・パーソナル心理学を研究した。先のヘツキとウインスレイドは，いまやナラティヴや構成主義の世界的リーダーであるが，同書を通じて，グリーフケアに，原因追及型・責任追及型質問とは異なり，過去に遡りながら未来へとつなぐことができる新しい質問形式を導入できる可能性を知った。まずはマイケル・ホワイト自身がリ・メンバリングの技法をどのように駆使したかを具体的にみてみよう。

2 人生のリ・メンバリング

(1) 人生回顧と人生仲間の再発見

　人生上に予想外のことが起こると，人はだれでも自分の過去を振り返るものである。英語では，たとえば，ライフ・リヴュー (life review) とか，リ・メンバリング (remembering) というが，共に単に過去を振り返るだけではなくて，もう一度とか，再びの意味をもつ「リ」がついている。それは新しく別の視点から見直す意味も加わり，過去の人生にもう一度「こんにちは」ということになる。

　グリーフケアの伝統的考えでは，死別した人への愛着を断ち切り，新しい未来を開くように導くのであるが，リ・メンバリングの会話は逆である。異なった視点から，**過去にもう一度向き合う会話**に導くのである。

　また，過去にだけ出来事の原因を背負わせて糾弾しようとする会話法は，周囲を疲れさせ，結局は，過去にも，そして未来にも視野を広げることを閉じてしまう。リ・メンバリングする会話法は，それとはまったく異なる。

　　「リ・メンバリングされた人生は，教訓的記録である。その機能は，必然的に"この人生も無駄ではなかった"とほのめかし，救済を与えることにある」

　これはメキシコ文化やユダヤ人の研究にナラティヴに依拠する語り直しの技法を巧みに活用して，成功を収めた文化人類学者のバーバラ・マイヤホッフ（Barbara Myerhoff, 1935-1985）の言葉である。彼女の用いた方法は，ナラティヴ・アプローチに大きな影響を与えた。

リ・メンバリング（今日では多くの人々が使用する言葉になったために「リメンバリング」と表記してもよいとされるが，本書では「リ・メンバリング」と表記する）とは造語で，「過ぎ去った人生を振り返る」の意味であるが，「思い出す」のリメンバー（remember）と，さらに仲間または会員の"member"を結びつけた二重の意味をもつ。われわれが過去を振り返ってみたとき，多くの人生仲間との関わりを思い出し，自分の人生は，決して「無駄ではなかった」，あるいは"That's good enough"（自分には十分なものだった）と感謝し，救済し，仲間に贈り物を届ける，あるいは亡き人からの贈り物を受け取る，「あなたこそ自分の人生に，とても大事な人生仲間でしたよ」と，再評価するという深遠な意味を提示しているのである。
　人の人生は，意味豊かな物語に構成できる。人間は，独りで生きることはできないので，他者との親密なつながりこそが，人生の中心的要素になる。だから，ある人の人生の素晴らしさは，その人の周辺にいる素晴らしい人々とのつながり，人生仲間によって支えられてもいる。
　自分の人生をリ・メンバリングするこころの働きを積極的に進める意味を要約しよう。

　第一に，傷ついた本人のプライドを取り戻し，人生物語をより豊かなものにする。
　第二に，個人主義的視座から議論されてきた「アイデンティティ」（自己同一性）に対抗して，個人ではなく人生仲間こそが核になる，と示唆するものである。
　第三に，世代間をつなぐこころのダイナミズムとしても作用する，と筆者は考える。親の思い出を懐かしむことは，親のこころを今，現に生きている子・孫世代の人生仲間として，親・祖父母を再評価する愛の

能動的作用になる。こちらはマイケル・ホワイトの視点をさらに拡大したものといえる。

　筆者は，以上の理由から，グリーフケアの営みを，人類愛（前の世代を愛し，その愛を次世代に送り届ける営み）に依拠する，文化的・社会的・歴史的営みとして意味づけたいが，少し過剰な表現のようにも思われる。

(2) 母の自死で人生を絶望したトーマス

　マイケル・ホワイトは，一人の少年トーマスの治療に当たり，複雑な心理構造をもつこの少年の立ち直りに貢献した。そのプロセスをひとつのモデルとしてみてみよう。詳細は先に紹介した『実践地図』第3章をご覧いただきたい。

　　トーマスが7歳のとき，母は自殺した。風呂場で母を見つけた。母が手首を切って自殺したことを後になって知った。彼は，おばとおじの世話になるが14歳の時，ストリート・チルドレンになった。

　マイケル・ホワイトは，トーマスのセラピーを引き受けた。筆者は，この事例に特に注目している。なぜなら伴侶や子や親に強い衝撃・絶望を与えてしまう「自殺」という手段を選んで死んでいった人の遺族のこころのケアに，筆者は長く携わってきたためである。辛い思いや悲嘆をどう軽減したらよいのか，戸惑いと苦しみの中にある人の人生の再構築はどう道筋をつけたらよいか，迷いの中にあった筆者に，大きな光を与えてくれた。問題の中心に見据えられているのは，アイデンティティである。大切な人の自死によって，震度7くらいの激震を経験した遺族は，絶望の淵に立た

される。トーマスも母に怒りと見捨てられたとする絶望感をいだき，薬物に手を出していた。生きる自信も希望も見いだせない状況の中で，マイケル・ホワイトのセラピーを受けることになった。

インタヴューでは，母親の名誉を汚す会話や母に怒りをぶつけるように仕向けることはしたくないと断わったうえで，まずは母と子の結びつきを深める質問を繰り返して尋ねていった。でもうまくいかなかった。

そこで，ひとつのアイディアを思いつき，それを実行すべきかトーマスに許可を求めた。そのアイディアとは，トーマスの母のようにシングル・マザーとして同じような困難を経験したであろうジュリエットという，3人の子ども（13歳のグレイグ，9歳のロバート，6歳のコリンダ）の母に，**アウトサイダー・ウイットネス**（第三者の立場にいる証人）として協力してもらうことであった。トーマスは言った。「やらない手はないよ。だって，僕には今この時点で，失うものなんて何もないんだから」と承諾した。そして，ジュリエットに依頼したところ，トーマスのことは家族全員にとって大切なことだから全員で行きたいとの申し出があった。これもトーマスの許しを得ることができた。

計画では，まずトーマスに人生のストーリーをインタヴューし，ジュリエットと3人の子はその聴衆となる。次に，トーマスは後ろに退き，ジュリエットと3人の子が，トーマスのストーリーから何を聴いたか，どう語り直すかをインタヴューする。そして最後に，トーマスに再登場してもらって，それをどう聞いたかを尋ねる，というものであった。

そして，実際にどうなったか。ジュリエットの3人の子の語り直しはトーマスのまったく予期しなかった素晴らしい内容になった。ひとことでいえば，彼の母はトーマスを深く愛していたがゆえに，彼に発見者になってほしくなかったということや，彼を大事に思うがゆえの自死であったこ

とを強調した。ジュリエットも当時を回想し，間違っていたけれども，自分も子どもたちを愛するがゆえの自殺未遂であったことを証言し，トーマスの母は彼を見捨てたのではなくて，反対に深く愛していたがゆえの自死だったと，語り直した。

　これらのメッセージからトーマスは，動揺し否定しながらも，こころに深い感動を覚えた。はじめて，母の思いを異なった視点から語り直すストーリーにふれた。その後，トーマスが微かな記憶をいくつか思い出した。母が入院していたこと……。散歩の途中，二人は車に轢かれて死んだ犬（テリア）に出くわした。彼女は「この辺りの子たちが悪いものを見るのは，もうたくさん」と言って，その犬を腕に抱きかかえ，トーマスに穴掘りを手伝わせた。二人は一緒に埋葬の儀式を行い，たましいに別れを告げた。その後，母はトーマスの手を握り，そして彼を見て泣いた。

　これらの思い出が豊かなリ・メンバリングをする基礎を与えた。その後，二人の会話は，**母親のトーマスの人生への貢献**，逆に，**トーマスの母親への貢献**を語るように導かれていった。少し詳細に意味を考えてみよう。

（3）このセラピーから何を学ぶか

　このセラピーおよび語られたストーリーから何を学ぶことができるのか。率直にいえば，筆者が自分自身が関わった多くのグリーフケアと比較して，自分に足りない点が多々あったことを学んだ。それを要約してみたい。

　第一には，自死遺族が常に語る悲嘆のストーリーのひとつが，当人には全く予期しなかった形で襲ってきた「悲劇的死」ということである。他者からは慰めようもない突然の死であり，どうして事前に気づくことができなかったかと自分を責める気持ちが長く持続する。そんなとき，遺族は家

族への愛が覚めて絶望的になってしまったから，勝手に自死を選んだのだと思いがちである。しかし，語りを深めれば，「愛ゆえの自死」つまり，愛ゆえに誰にも告げないで死を選ぶこともある，というストーリー展開を教えられた。

　その確かな証として，同じような事例から第三者的証人を見いだし証言してもらった。手続きは複雑になるが，孤立感を深める当事者に，異なった視点を示唆してもらった点，共通体験者との連帯感を築くという道筋を準備できた点は，遺された人々のこころの安定につながるものといえる。

　第二に，人間は，**仲間との互恵関係の中で生きている**という視点を具体的に展開している点である。トーマスが母に貢献してきた物語に気づかせるという内容である。ここが一番の山場といえる。

　さらに第三に，トーマスは母の死を，自分を見捨てたすえの死と断定して絶望感を募らせていたが，その例外ともいえるユニークな出来事，交通事故死した犬の埋葬という小さなストーリーに注目して，語りを脱構築するように導いていった。その巧みなインタヴューは，決して技法とはいえず，むしろ**愛の行動**として深く感動するものがあった。

　第二と第三の気づきは切り離せないので，一緒に議論を深めるようにしたい。

　われわれは，自分の人生に貢献した人物に対して，その人にしてもらったことは強く印象づけられているが，逆に，その人の人生に自分がどのような貢献をしたかは，忘れてしまっていることが多いために，それをあえて述べることはない。しかし，それを思い出すと，消極的で受動的な自己イメージだけではなく，他者の人生に寄与した積極的で能動的自己イメージを作り出せるというのである。それがいかに大切な意味をもつかが，このトーマスのケースで語られる。

では実際にどのように支援したのか。

マイケル・ホワイトは，トーマスが母の人生に貢献したストーリーを探し出そうと努めた。手がかりは，犬の死骸を一緒に埋葬した儀式であった。そこでトーマスに二つの異なった質問をした。最初の質問は，

「お母さんにそんなふうに（埋葬儀式の）仲間に入れてもらったことが，君の人生にどんな貢献をした可能性があるか，何か実感があるかい？」

というもので，トーマスにとって母の行為はどういう貢献をなしたかを聴き出すもの。もうひとつは，トーマスが母にどんな貢献をしたか，についてである。

「お母さんにとって，（埋葬儀式中）君が一緒にいたことはどんなものだったと思う？」
「幼い少年の手がそこにあって握ることができたことは，お母さんにとってどんなものだったか，君はどう解釈する？」

これら二つの質問は，母と子の結びつきがいかに濃厚であって，トーマスの人生にとっては，母は仲間として緊密な結びつきがあったことを感じさせると同時に，「母親であるという感覚」にトーマスの存在がいかに大きく貢献して，母の誇りを保っていたかに気づかせるものであった。

これらの巧みな質問は，人生が母と子の愛に支えられていたことに目覚めさせることにつながった。トーマスの人生に，母は以前とは異なった豊かな意味を提示しうる存在となった。

こうして豊かなリ・メンバリングの会話が，母と子の互いの人生やアイ

デンティティに貢献し合う感覚を強め，トーマスの存在価値を高め，虚無感・絶望感の解毒剤になった。もちろん母のイメージは今やトーマスのアイデンティティに深く刻み込まれており，彼の未来への手がかりとなったことはいうまでもない。

3 ナラティヴ的傾聴法

(1) 悲嘆主義は涙の分量を量り，ナラティヴは語りの中に光を見いだす

クロード・モネの絵画はキラキラ光る太陽の光を柔らかく描いている。多くの人々は，悲嘆の語りでは，さぞ暗いストーリーが語られるものと理解している人が多いが，実はまったく異なる。それは聴き方によって異なるものだといってもよい。悲嘆主義は涙の分量を量ろうとする姿勢が濃厚にみえる。ナラティヴ的傾聴においては，**悲嘆の語りにもキラキラ光る輝きを見いだす**。その光とは，ストーリーを深め広げるためのキーワードに当たる。キーワードを探ってゆくと，思いがけない語り直しの場が広がるものである。

ストーリーの聴き手は，目の前でキラキラと輝きをみせる語りに注目することはもちろんであるが，同時に，語り直しのキーワードを探り出すことが求められる。

通常，他者の話を聴くときは，できるだけ客観的姿勢を保ち，事実を確定することを目標にする。そして客観的で間違いのない事実が確定できたら，あとは事実を受け入れ，対処法として処方箋が下される。社会構成主義によってたつナラティヴ的傾聴法では，それとは異なる。

まず基本的に異なるのは，ひとつの現実には無数の語り方があり，無数

の意味づけ・無数の解釈が可能だと考える点である。語りは現実をそのまま投影しているのでは決してない。むしろ現実を構成してもいるのであって、語りの変化は、現実を違った視点から意味づけることが可能になったことを示している。

ナラティヴ的傾聴で最も目標とされるのは、語り手と傾聴者の対話の成果として、両者が納得のいく「物語的真実」にとりあえず到達することである。決して客観的真実の確定ではない。

すでにあげた例で示すことにしよう。マイケル・ホワイトが取り上げた「トーマス」という少年の例で、母親が自死した事例である。

　第一のストーリーは、「母はわが子であるトーマスへの愛を失い、人生に絶望して死んでいった」。
　第二のストーリーは、「母はトーマスを愛するがゆえに、トーマスの幸福を考えて自ら死を選んでいった」。
　第三のストーリーは、「二人一緒に路上に横たわる交通事故死した犬の葬儀をしたことから、二人の密度の濃いこころの交流を確認できた」。

トーマスは、最初は第一のストーリーを信じて人生に絶望していたが、その思い込みという枠組みを、マイケル・ホワイトのセラピーを通じて打破され、やがて第二、第三のストーリーの真実性にトーマス自身が目覚め、自分の人生に希望を持ち始めたのである。

ひとつの現実である、「トーマスの母の自死」には、実に多様で意味豊かな変化に富んだストーリーが同時に共存していたわけである。トーマスのケースのように、どうもがいても自死は救いようのない事例であるにもかかわらず、別の視点から解釈される、もうひとつのストーリーへと運ぶ

糸口とが，共存している。この糸口がキーワードである。

しかし，キーワードは，語り手が意識して表現するものだけではない。意識しないで使っていたり，いわゆるメタファー（隠喩）であったりするものである。

（2）メタファー（隠喩）探し

「思い出すとキューッと胸を締めつけられる気持ちになります」
「なぜあのとき，あんなふうに反応したのかわかりません，まさか死んでしまうとは思っていなかったんですね」
「とても辛いんです。でも生きなくてはとの思いも同時に湧きあがってきます……」

「キューッ」と胸を締めつける思いは，何がそうさせているのか，そこを掘り下げることで，少しは理解してもらえたとの思いが湧いてくるはずである。「あんなふうに反応した」ことが，後に強い自責の念となってかえってきている。どういう反応であったのか，まずはそれを聴いたうえで，そこをどうするかを一緒に考えることがよい。「辛い気持ち」と「生きなくては」の思いが共存しているとは，どういう状況なのか，何もわかってはいない。その点を深める必要がある。

以上は，ただ黙って繰り返して傾聴するだけでは，あいまいな感情が伝わって勝手な推測で理解したつもりになりやすい。事態を直視したり向き合うにはさらに質問を継続せねばならない。

以下は，聴き手が留意すべき点を要約したものである。

1. どういう悲嘆をどう語っているかを理解する。出来事の意味づけや関連する出来事とのつなぎ方や意味づけの仕方が，傾聴のポイントとなる。最初は，登場人物が貧しく，自分と亡き人しか登場しない。そこで，ストーリーを貧しいストーリーのまま放置しないで，他の重要な位置を占める家族の反応・友人の反応について質問していくと，ストーリーが複雑になり，重層構造化するものである。すると，出来事を語る視点が単線であったものが，複線になり，さらに複々線になるものである。
2. 語られていない点や語りたくないストーリーがあることに留意する。弱音を吐かない自分がいたり，弱音を吐くことに嫌悪感があったりする。迷惑をかけないようにと，とおりいっぺんの話で済ます方もいる。そんなときには，他者に迷惑をかけることが対話の第一歩，人間関係を深める第一歩，そして倫理の第一歩であることを説明する。
3. 語りは現実の投影では決してない。むしろ現実をつくってもいる。語りの変化は，現実を違った視点から意味づけることが可能になったことを物語っている。一例をあげれば，妻の死によって，自分が生きる力を失い，戸惑いと人生の空虚感を訴えていたものが，突然に，生前の妻の献身への深い感謝のメッセージを伝えるものになることがある。

(3) 子どもの自死に苦悩する母親の事例

　実際に傾聴の現場でのやりとりを織り交ぜて，ナラティヴ的傾聴法をみていきたい。確認すべき点は，グリーフケアでの場面では，悲嘆をめぐり，会話が中心となるが，悲嘆を緩和しようとか，失くしてしまうことは目的になっていない。悲嘆も苦悩も何か意味ある営みであるからである。その

ことを忘れてしまって，治癒することを目標にすると，喪失も悲嘆も無意味になってしまう。悲嘆のストーリーが語り直され，新しく意味づけられることを目標にする。すでに幾度も注意した点である。

　ここで紹介するストーリーは，実際に語られた語りではない。いつくかの事例を取り交ぜて特定のストーリーに仕上げたものであることをお断りしたい。もうひとつお断りしたい点がある。ナラティヴ的傾聴法といっても，次章で取り上げる「外在化」を最初から意図的には使っていない。最初はむしろ悲嘆の感情の共有であり共感である。しかし，質問する必要があるときは，なるべく外在化された質問の仕方のほうがよいと考えて，適宜心掛けてはいるので注意していただきたい。

　来談者：私，最近，娘に死なれてとても苦しんでいます。話を聴いてもらえたらと思って来てみました。
　傾聴者：よく来られましたね，どうぞよかったらこちらにお座りください。……そうですか，お嬢さんを亡くされたのですね。それは大変な経験をなさいましたね。どうぞゆっくりとお話しください。でもお話になれないときは，黙って他の方のお話を聴いていただいても結構です。
　来談者：いえ，ぜひ聴いていただきたいと思ってきましたので，お話しさせてください。
　傾聴者：では，今日は参加者も少ないので，最初に時間をとってゆっくりお話しください。娘さんを亡くされた**苦しみがあなたをここに運んできた**ようですね。その苦しみは，あなたをどんなふうに仕向けるのでしょうか。
　来談者：娘は学校の教師でした。3年前からうつ病に罹っていて，クリ

ニックに通っていたようです。でも薬が合わないみたいで，悪くなる一方で，私も心配して良い医者がいないか，知り合いに尋ねたりしましたが，娘はそこがいいと言い張って，その後も通い続けていました。夫に話して，一緒に病院を探してほしいと何度も言ったのですが，本人がいいと言っているんだから，周りが騒いでも仕方がないじゃないかと，とり合わないんです。あの子の死の原因は，この冷たい夫の姿勢にあったのではと思うと，とても辛いものがあります。（ゆっくりとさめざめと泣き出される）

あとで思うと何もかも後手に回ってしまい，あの子を追い込んでしまったと，とても大きな悲しみに落ち込んでいます。このときの夫の姿勢を許す気持ちはありません。もう夫なんかいなくてもいいという決意をもちました……。（涙声）

傾聴者：よくお話しくださいました。大きな喪失を経験されましたね。どうぞゆっくりとお話をうかがいます。じっくりと向き合い，共に取り組んでまいりましょう。同じような体験者がおられますので，こころを通わせることも可能です。

喪失によるこころの痛みはまだ生々しく，トゲをもった鋭い言葉で周囲への怒り・不信感を表明されている。ことに身近な夫への怒りの感情があるようにみえる。これは決して現実を説明しているのではなく，抱えているやり場のないこころの痛みによるストーリー構成の仕方でしかない。傾聴者は，こんなときには，いっそう冷静になり，穏やかなまなざしと言葉づかいを心掛ける。外在化はこんな状況だからこそ生きてくるものといえるが，最初から外在化することは失礼になるので，まずは質問する側のこころにとどめておくことにする。

一回目は，同じくお子さんとの死別を経験された方も出席していて，共にこころの痛みを分かち合っておられ，まずは落ち着いた雰囲気で，こころの中をさらけ出されていた。お帰りの際には「よかったです。他の人の話も聴けて……。苦しんでいるのは自分だけではないというか，不思議な連帯感を感じました。ありがとうございました」と言われた。それが3回続き，いよいよストーリーを深める機会が訪れたので，現実の苦しみ・悲嘆が生活のどんな領域に浸透し，支配しているかを確認する質問をぶつけてみた。さらに過去に遡るリ・メンバリングする会話の場を広げ，未来への手がかりを求めるように努めた。

傾聴者：今，抱えている苦しみや悲しみは，あなたの生活に深く浸透していて，完全に支配されているという感じでしょうか？
来談者：そうです。重い鉛のような**ハリが心に突き刺さっている**感じがします。
傾聴者：鉛のハリが突き刺さるっていう感じは，どこにもついて回る感じですか，それとも場所が特定されているとか……。それとも逃げ場所がないということになりますか？　たとえば，それまでいつもやっていたことを押しとどめて，継続できないとか……。
来談者：そうなんですね。私は庭いじりが好きで，花を育ててきたんですが，娘の死後，まったく何もできなくなりました。だから庭は荒れ放題です。それを毎日見ていて，気にしていますが，何もしたくないんです。娘が生きていたころは，娘もガーデニングが好きで一緒に花を育ててきましたよ。独立してからも，あの子は家に来ると手伝ってくれていました。でもあの子がもういないと思うと，ガーデニングをしてきた意味が分からなくなりました。

傾聴者：そうですか，娘さんとお母さんが仲良くガーデニングを楽しんでいたなんて，大変楽しげですね。その時間はお二人にとって，深いこころのつながりを感じさせていたということですね。そんなとき，ご主人は何かおっしゃっていましたか？　それとも無視していましたか？

来談者：いえ，そんなときの夫は，親子が仲良くしている姿を見て，やはり楽しそうでしたよ。「俺にもやらせろ」とか言って，草むしりを娘とやっていました。娘の傍にいる幸せをちょっぴり楽しんでいたようにみえました。そういうときの夫は，良き父親であり，良き夫だったと思うんですが……。

傾聴者：ということは，そういう良かった夫婦・親子関係のイメージを今でも大事なこととして記憶していて，強く意識しているということですね。

来談者：そういうことになりますね。忘れられないで強く記憶しているんですから。（涙声）

でも，そんな楽しかった半面，この娘をいつまでも手元に引き留めることはできない，庭で見かける"さなぎ"がやがて"蝶"になって大空を舞っているように，巣立ってゆくのかな，という思いもありました。夫はとくに，私たちの仲良し母子関係を「癒着している」とか言って非難していました。だから，妬みもあってか，自立を妨げるものと危険視していました。夫は子どもの自立への思いが強かったですね。

傾聴者：さなぎが蝶になるという話は，エリザベス・キューブラー＝ロス博士という死生学の大家が，子どもたちに死について教えるとき，さなぎのぬいぐるみを持参して，子どもたちの前で，それを裏返して見せて，死ぬと蝶になって大空を舞ってゆくんだという，イメージを

教えていました。自立も同じように大空を自由に羽ばたくという意味になるんですね。素晴らしいストーリーですね。

ところで，娘さんが亡くなる以前から，娘さんの自立に関しては，あなたとご主人の間に，意見の対立がみられたということですね。でもそのときは，"夫の意見ももっともだ"と素直に認めておられたのではないでしょうか。

来談者：そうなんです。夫は言うことはいつも正しいんですが，それが……（涙声）娘が一番困っているときに，突き放すようなことを言ったんです。

妻の夫を非難する声は，だんだん小さく弱くなってきている。悲嘆のせいで夫への不信感を募らせていたようである。娘の死について聴くのは，もう少し後にすることにした。そのほうが，冷静に話し合えると考えたからである。ともかくも，娘との死別以前には，親子三人が，ガーデニングを通じてこころの会話を重ねてきたというユニークなストーリーをみつけ出した。そこを起点にして，人生を再構築する道筋を見いだした。

傾聴者：お話をちゃんと理解するために，少し確認させてください。娘さんが家から自立して生活されるようになったのはいつごろですか？

来談者：娘は学校の教師になるのだと猛勉強していて，それで教員試験に合格したので，独立しました。3年前でした。綺麗なアパートを二人で見つけ，最初は満足していました。仕事も楽しげで，子どもたちの未来に夢をもって仕事に励んでいました。でも1年経過して，2年目に入ったころから，難しいクラス担任になり，そのころからメンタルクリニックに通っていることを知り，心配してよく見舞っていました。

傾聴者：娘さんはご自分の生活や仕事について辛いとか，苦しいとか，何かお話しされていたのですね。その場合，娘さんはお母さんに何かを期待されていたと思うのですが……。あなたは，ちゃんと理解してあげることが大事だと強く思っていた，という感じでしたか？ それとも激励することのほうが多かった……？

来談者：いろいろ聞かされていました。担任の仕事がきついとか辛いとか，同僚の先生の助言の仕方がとても気になる言い方だとか……。その泣きごとを聴くたびに，そんなふうに思わないでとか，そんなに深刻に考えると病気がますます悪くなるよ，といつも忠告していました。でも死ぬなんて思いもしませんでしたね。（涙声）だから亡くなったときなど，とてもショックで，ひとことも声が出せなかったという記憶があります。そしてだんだんと，あの悩んでいたときの私の聴き方がダメだったために死んだのだという思いが強くなっていて，母親としてもっとしっかり聴いてやれていたらという強い自責の念があり，睡眠もとれないし，後悔するばかりですね。

うつ病って怖い病気ですね。医師ですら何もできなかったという感じです。医師からいただいた薬を一時に大量に飲んで亡くなったのです。

傾聴者：突然のことで，その衝撃はあなたとご主人にも当然，強く及んだのでしょうね。

来談者：警察への説明や部屋の片づけや学校への対応などは，すべて夫が黙ってやってくれました。混乱と絶望で，とうとう私は寝込んでしまったからです。とても冷静ではおられませんでした。

傾聴者：大変困難な状況を切り抜けられたのは，ご主人の支えによるものですか？

来談者：そうですね。でも夫はこう言ったんです。「お前がガーデニングをやめたのがいけないんだ」。でも，うつになって引きこもるようになり，心配でとても庭いじりなんかできなかった……。

　ガーデニングは，母子の絆を深める場所であったとの認識は夫婦ともに共有されていたようである。娘はうつ病に罹って以来，部屋に引きこもり，仕事以外には出かけなくなってしまった。母は心配のあまり好きだったガーデニングをやめてしまった。その結果，夫婦の絆も親子の絆も断ち切られてしまったかのようであった。こうして母親の抱える問題が浮かんできた。第一には，生前，娘の弱音をじっくり聞いてやらないで，激励ばかりを繰り返していただけの「ダメな母」のイメージをつくっていること。第二には，夫の冷たい姿勢が自死につながっているとする夫非難の語りである。二つは密にからんでいる。これらの問題をどんなふうに解きほぐすのか。第三には，うつ病の理解をめぐる葛藤や誤解等がからんで複雑化している。しかし，この点は医療に関わるために，取り上げることはしないように避けている。

傾聴者：少し込み入った質問の仕方になるかと思いますが，お許しください。最初は「ダメな母親」と言われたことについて，お尋ねします。娘さんが亡くなる以前のことですが，自分がダメな母と思いこまされたような事件は何かありましたか？

来談者：いえ，ないんですよ。そんなこと一度だってありません。娘はいつもいうことを聴いてくれていました。からだは弱くて，学校をよく休むことはありましたが，勉強は好きで，黙って自分からなんでもやる子でしたので，手がかからない子でした。私の期待どおりに育っ

てくれていましたから。

傾聴者：幼いころから良い娘さんに成長されていたんですね。それは素晴らしい経験でしたね。それでは今のご自分はダメ母だとするイメージは，あなたをどんなふうに仕向けるのですか？　たとえば……

来談者：明るくて前向きな自分にいや気がさしてきたんです。こんな自分でなければ，娘はもっと自由になんでも話してくれたのではないか……というように，もう以前の自分ではいられないんです。

傾聴者：以前のご自分ではいられないとするお気持ちに対して，ご主人は何か言われていますか？

来談者：夫は「以前の前向きの明るいお前のほうが素直でよかった。娘もそんなお前を尊敬していたと思う。だからお前の好きなガーデニングを一緒に手伝っていたんだと思う。娘がお前に話さなかったのは，お前を傷つけることが怖かったし，明るいお前を愛していた証拠だと思うよ」ということを繰り返し言ってくれています。私もそうだとは思います。自分を変えることはできませんものね。

傾聴者：あなたはご主人の言われる，以前の素直なご自分に，今戻りつつあることをすでにご承知ですね。それは素晴らしいことだと思います。どうでしょうか，ご主人が言われるように，続けてきたガーデニングをまたおやりになってみたら，何か新たにみえてくるものがあるかもしれませんね。きっと何かが……

来談者：今そうしてみようかと考えていました。そうお勧めくださってとても感動しています。何かとても違った気分になれるような気がしてきました。今はたましいになってしまった娘にも会えるかもしれませんね。ひょっとしたら，あの世間知らずの幼い娘はまだ"さなぎ"のまま，庭の片隅でそっと生きていて，ほんとうに蝶になって大空を舞

う機会を待っているのかもしれない、とふと思うこともあるんです。
傾聴者：素晴らしいイメージに深く感動しました。そうなれば、今度こそ娘さんはご両親の支援を得て飛び出し、自由に大空を駆けめぐることができるんですね。お話を聴かせてくださって、ほんとうにありがとうございました。ご両親の深いご配慮にこころの底から感動しました。

以上の物語構成に影響する主たるこころの痛みになっている内容を、まとめとして再確認したい。

①生前の娘と母の間の関係をどう語っているかに注目したい。自責の念が強い語り方はどう説明されているか？
②適切な医療者の不在と、自死・うつ病をどう理解してよいかの葛藤がみられる。
③夫の放任的な態度によるとの認識、無理解な夫だと決めつけて、怒り・恨み等が重なっている。
④それに夫とは共有共感し合えない、妻独自の喪失感・空虚感・不条理感があり、孤立感情が強い。
⑤さらに娘の気持ちに寄り添い、もっと理解・助言してやればよかったとする自責・後悔の念等を一つひとつ丁寧に傾聴していくことが求められている。

ページ数の関係で繰り返しになっている箇所は割愛しているが、個別面談は電話相談を加えると、のべ10数回に及ぶ。結局、ダメ母のイメージ・放任的な父のイメージに由来するこころの痛みを軽減するような直接的な

メッセージを提示してはいないが，外在化する会話法によって，ダメ母親・ダメ父親と思わされている問題はあるにもかかわらず，自分の人生を前へと足を進める生き方を選択しようとしている。それが抱える問題の痛みを軽減する役割を担っていたといえる。

さらに，これらの会話は，一見すると，問題を問題として確認するのみに終わっているようにみえる。しかし，問題に対処する直接的な示唆はないにもかかわらず，問題を問題としない別の対処法，つまり人生に誠実に向き合うこと，自らの課題として背負おうとする姿勢，さらに，大切な生きる使命に目覚めること，それらの次元の異なる問題意識が相まって，未来への道筋をつけることになるのだといえる。つまり問題の解決ではなくて，**問題そのものの解消**へと導くことが，主要な目的だといえる。傾聴の大切さ，それも回復志向あるいは未来志向の姿勢から進められる「ナラティヴ的傾聴法」の大切な役割がみえてくるといえる。

また，自死遺族への基本姿勢について述べておきたい。遺族はともすれば，自死という一点だけを過剰に意識し，それ以外のこと，たとえば，それまで生きられた時間の重大さや，苦しみながら**生き抜いた生きざまの壮絶さ**に注目しないものである。すべての過去を抹殺しがちであるが，それ**は生存した事実すら否定する**ことにつながる。亡くなり方に拘泥しないで，病死者と同様に，その過去に光を当て，人生の語り直しをしたいものである。敗北の人生ではなく，限られた時間を精一杯生きた証を遺してあげてほしい。これが，会に出席されるご遺族に常日ごろ強調している点である。人生を輝かしいものとして語ることは，遺族の人生にも異なった視野から光を当てるものだと思っている。これもまたナラティヴ的傾聴法だからこそいえることでもある。

第4章

問題を外在化する意味と実践法

 本章のねらい

　人生上の問題は，すべてその人自身の人間性や人格に深く関わっている問題だとするわれわれの常識に対抗する形で，マイケル・ホワイトは，人間は孤立化して生きているわけではなくて，他との深いつながりの中で生きる**関係的存在である**ために，問題は決して人間自身に内在化するのではないという立場をとった。問題を人間性とは切り離して，**問題を問題として扱う態度**，これを「外在化する会話」と名づけ，セラピーの初期段階での有力な対話法として位置づけた。外在化する会話によって，問題解決の選択肢が広がり，結果的に，自由な積極的態度から，問題に向き合おうとする姿勢を育てることになると主張した。

　大きな悲嘆を抱え込む人々の集まるグリーフケアの場で，このような外在化する会話が導入可能であろうか。カウンセリング分野では，この会話法を一種の「介入」と名づけ，助言や指導と同じように位置づけている。本章は，外在化をグリーフケアの場にどういう形で導入できるかを検討するものである。一般常識のよ

うに，問題が人間性を反映する真実そのものとして理解する姿勢が，いかに問題を長引かせ，解決を遅らせることか。そればかりか，かえって問題を複雑化させ，解決困難にしてしまいがちであることに思い至らないのでは，喪失の現実から何も学んでいないし，学ぼうとはしていないというほかない。

　マイケル・ホワイトは，外在化する会話は，人々が抱える問題に「共同作業的イニシアティヴを共有できる文脈を提供する」（『実践地図』25頁）ものだと述べている。つまり傾聴者も語り手も，一緒になって能動的・主体的に，悲しい出来事の意味するものを探すために，当たり前の常識とは異なった視点にたち，主体的に語り直すように会話を導こうとするものである。

　喪失による悲嘆では，まず当事者の感情を大切に扱うことが求められる。なぜなら絶望と混乱からただひたすら泣くという行為にみえて，その実，追悼の喪の作業として嘆き苦しむという意味ある行動であったり，さらに，喪失の意味を求めるこころの働きが同時進行で進められているからである。そうした感情がグリーフケアの現場での語りの複雑さを構成している。グリーフケアの最終目標は，死者の遺した大きな贈り物を受け取るための，貴重な機会になるように支援することでもあり，それはまた本書の最終目標でもある。**外在化する会話法はその糸口を開くもの**といえる。

1　外在化する意味とねらい

(1) 内在化することとの違い

　外在化 (externalization) するということは，当然ながら，悲嘆の感情を人間の外へと放り出す，という意味になる。それは悲嘆を否定しないで大切に扱いながらも，その感情を外側から観察するという意味である。これに対して，内在化 (internalization) は，出来事の原因を自分の人間性や価値観や人格のせいだとする理解の仕方である。一例をあげよう。

　「私は3か月前に妻を亡くしました。今，一番辛いことは，仕事をしていても，自宅で家事をしていても，生きるハリというか，生きる意味が分からなくなっていることです。妻を失って初めてみえてきたことがあります。妻の存在がこんなにも大きな存在であったとは，思ってもみませんでした。それを失った今，ほんとうに辛くて苦しいです。今は何もする気が起きないんです」

　この会話は，喪失後に多くの人々が抱え込む複雑な感情，悲嘆・不当感情・絶望感・不条理感といったものを，その人自身が内在化して抱え込んでいる典型的事例である。さらに，そうした感情が，その人自身の個性・性格・人格等に由来するものという理解の仕方，これが内在化の特色となる。
　また，事故・事件の被害者からいえば，加害者の人間性を問題視する場合も含めて内在化が働いている。人間の内面から人格的変容や向上を目指すことは，大切な課題とはいえ，容易なことではなく，時間もかかることになる。しかし常識的には，倫理・道徳・宗教の立場にたてば，問題責任

の自覚化と内在化が目標であり，責任感情を呼び覚ます唯一の道筋ともいえる。

ことに伝統的倫理のなかには，内在化つまり，生じた結果を本人のせいだとか，当人の不徳の結果だと背負わせることで，強い反省を迫り，それが新境地を開かせるものだとする考えに依拠することがある。そんな内在化の事例のひとつを紹介することにしたい。外在化する会話法がいかに優れたものかを理解する前提ともなる。その意味するものを説き明かすために，少し回り道したい。

　A氏は，幼い次女を小児がんで亡くした。以後，自分のせいだと強い後悔の念をもたれ，いろいろな方の助言を求めるうちに，とある宗教団体の指導者に巡り合い，子どもの病死は親の不徳に由来するものだと言われた。先祖の罪障と親の罪が重なって難病を発症し死に至ったと教えられ，自分もそのように考えていたので，すぐに入信をして，贖罪のために言われるままに先祖供養やお墓の改築や善行を積むことに努められた。しかし，長い年月経過するうちに，わが子の死すら忘れてしまっていたが，罪意識だけはまるで汚点のように強く残っており，いつまでも気持ちが晴れることはなかった。周囲の目も，当人の言葉に従って，不徳な人・不徳な家のレッテルを拭い去ることはなかったというのである。

このストーリーからみえてくるものを解釈することにしたい。そうすることで，内在化の短所を明らかにしたい。

わが子の病死を自分の責任だと内在化して，真正面から現実に向き合ってきた姿勢には，評価すべき点が多々あるといえる。しかし，自己の人生が不徳・不運だという判断の中心――それは出来事の下敷きにされている

狭い視野にたつ視点からのストーリー展開にすぎないが，娘の小児がんとその悪い結果による死が中心的位置を占めている。疾病も死も，そして障害を背負うことも，老化すらも，人生の災難・不幸だと一方的に決めつけてかかるだけで，人生の複雑さや生老病死のようないのちの問題に向き合ってはいないことになる。**結果の善し悪しだけから，その人の人生全体を議論する**のは，余りにも単純な思想にみえてしまう。

問題の中心にあるのは，一見不幸とか災難とみえる人生の出来事が，**人間の行動とアイデンティティのうえ**にどんな変化を生じさせているかをしっかりと見極めているかどうか，という点にある。多くの事例では，考えがそこまで及ばないか，または完全に無視してしまっているようである。

小児がんの患者と，その家族をいかに支えてゆくかの問題は，個人的・家族的問題である以上に，医療の提供者側の課題でもあり，さらに広く社会が担うべき課題でもある。学童期の子ががん患者で長い期間入院しなくてはならないケースでは，教育をどう継続すべきか常に検討される必要があるであろう。さらに患者が子どもである場合には，友だちのほしい年齢であり，子どもによるボランティアが必要である。事実，米国スタンフォード大学近くの「**マクドナルド・ハウス**」[1]では，町内の子が自転車に乗って遊びにきているのを実際に見て驚かされた。

患者の親の会も，活発な支援活動が期待されている。こうした社会活動に邁進する患者の親たちは，子どもの死後にも参加されていて，他者の子どもであっても，目を逸らすことなく，連帯感をもって活動を継続している。

こういう人々の語るストーリーは，豊かな内容を有しているのである。

注

[1] 日本では「ドナルド・マクドナルド・ハウス」が正式名称。各地のマクドナルド法人が運営を支援している。治療中の子どもおよび家族の滞在施設。米国では死の看取りを行う施設もある。

内在化する姿勢は、基本的に「わたし」と「わが子」の視点から離れることはできず、社会的文化的文脈からの意味づけができないのである。そのために他者に語るときには、貧しい人生論になってしまいがちである。

　では、外在化はいかに進められるであろうか。

(2) 外在化する理由

　マイケル・ホワイトは、内在化つまり「人生における問題は自分の本質や性格について、あるいは他者の本質や性格についてのある種の『真実』を反映している、つまり、こうした問題は自己ないし他者の自己に内在するものなのだ」(前掲同書『実践地図』26頁)とする傾向が強く支配していて、解決しようとする問題をますますこじらせ、問題の中に人々を沈み込ませていることを指摘する。

　これに対して、「人が問題ではなく**問題を問題として扱う**」姿勢を外在化の主たる目的とする。つまり訪れる喪失体験者の多くは、出来事が自分のせいだと強い自責と後悔の念をもっている。そのとき、その罪意識をいっそう重くするような言動は避け、問題と人との間に隙間をつくるように会話を運ぶ。その結果、自分の自由な意志から問題に向き合えるようになる、というのである。

「人が問題ではなく」というのは、その人の性格、価値観とか、その人の過去やこれまでの行動様式とか、そういうことが問題ではなくて、その人が今悩んでいること、苦しんでいること、悲嘆感情・不条理感・絶望感・虚無感といった、どうしようもない複雑な感情を否定することなく、むしろ大事に扱うからこそ、その感情を客体化して扱うものである。

　問題を問題として扱うという表現は、否定的にみえがちであるが、決してそうではない。たとえば、

「なぜそんなことに悩んでいるの？　なぜ苦しむの？　あなただけよ，こんなことに長く苦しむのは……」
「あなたの暗い性格が，悲しみをいっそう重苦しいものにしていますね」

　というような言い方は，悲嘆する行為そのものを否定する意味から出た発言であり，問題を担っている人自身を責めていることになる。これでは，悲嘆に圧倒されている人を，ますます苦しめる方向に追い込むようになるのは当然であろう。こうした発言の仕方は，いわゆる原因追及型の表現である。
　苦悩の原因は，決して個人の内面にあるのではなく，社会や文化の定型化された常識が押しつけていることもある。子を喪った母親は長く苦しむのが当然とばかり，泣くことをたえず要求する常識と文化が，悲嘆を深く大きくしている場合もある。家族の中に長く悲嘆することを許さない風潮が濃厚にあれば，誰かがひっそりと悲嘆を継承する場合がある。
　これに対して，幼児の頃，転んで膝を擦りむいて血がにじんだとき，母親が「**痛いの痛いの，飛んでいけ！**」と言って膝をなでてくれると，ほんとうに痛みがどこかに飛んでいったような気になったものである。これは外在化の一例である。状況が異なるので，これとまったく同一ではないが，それでもこころの痛みそのものを大切なものと受けとめ，当事者と共に客観視する会話が，思いがけない効果をもたらすのである。たとえば，

「悲嘆は元気に活動し，依然としてあなたを苦しめているようですね」
「悲嘆はあなたの心に何を要求してきましたか？」
「苦しみは生活のどんな側面に影響を与えていますか？」
「その影響が最大になるときはどんなときですか？」

「悲嘆の苦しみはどんな状況であなたを襲ってきますか？」

「自分が悪いとするお気持ちが，あなたを苦しめていると言われたのですが……。今日，あなたの足をここに向かわせたのも，そのお気持ちのせいですか？　なんとかしたいとする強いこころが足を運ぶように仕向けた……」

「そういう辛さがあなたの何を支配しているのか？　どこまで支配されているかな？」

　これらの質問は，生じた出来事を誰かに説明するレポーターのように，外側にたって説明したり報告する形式に似ている。このような姿勢が，問題を問題として扱う姿勢であり，だからこそ，人間と問題との間に，少しずつ隙間を広げてゆくことになる。両者をまったく切り放すことはできない。それはほとんど不可能なことではあるが，少しずつ切り放して問題自体を客体視することで，自分が抱える問題そのものに向き合う基本姿勢が生まれてくるのである。

　さらに，外在化することで，語られていないこころの痛みが浮かび上がることがある。死へのプロセスに疑問をもったり，医療者の対応に疑問をもったり，家族・親戚のひとことで傷ついたり，友人の助言が効果的であったり，あるいは逆に，それが苦悩する一因になったり，喪失後の生きる意味・生き甲斐がみえなくなったり，日常性に疑念が湧いたり，それまで自己の生活を支えてきた意味がすべて無意味に感じられ，意味の再構成が求められるのである。外在化することによって，このような意味の喪失状況を浮き彫りにすることができる。

2 グリーフケアの場面で使える外在化する会話法

(1) 問題を主語にしてみる質問法

　マイケル・ホワイトは,面接の初期段階で外在化する会話法を使うといっているが,グリーフケアの場面での初期段階は,悲嘆が重く,喪失の現実に向き合えない状況が長く続くために,まずは悲嘆の感情を否定することなく,尊重し,誠実に受けとめることが大事な姿勢である。

　しかし,たとえ初期段階でも,人によっては,休憩時間になると打ち解けて,あたかも自分の居場所であるかのように,くつろいだ気分になることがある。そんなときにはタイミングを見計って,「さきほど述べられた重い悲嘆についてひとつ質問していいでしょうか？」と尋ねながら,好奇心あふれるユーモラスな質問を出すと,ガラッと雰囲気が変わり,笑顔を見せて答えてもらえることがある。ただし,「あなたは……ですか？」ではなくて,問題を主語にして質問するのであるが,それは状況次第といえる。具体例を以下に掲げてみよう。

悲嘆をめぐる会話例

　「大きな悲嘆感情が,あなたをここまで道案内人として連れてきたのですね」

　「苦しみは,あなたの食欲も睡眠も,そして人間関係までも奪ってしまうんでしょうか？」

　「悲しみは,あなたに孤立化するように命じているのでしょうか？　それで家の中に引きこもっているのでしょうか？」

　「悲嘆が,あなたのこころを支配してしまい,笑うときにも気兼ねするの

でしょうか？」

「死にたいと言われましたが，死にたい気分は，どんなときに起きるのでしょうか。それと闘う別の，たとえば，生きようとする気力との争いが起きることがありますか？」

「ダメ人間は，どんな行動を好むのでしょうか？　自分をダメ人間と思わせるテクニックがあるのでしょうか？」

「悲嘆があなたを圧倒するとき，それに抵抗することができますか？　その方法は効果的ですか？」

「悲嘆に圧倒されながらも，よく耐えておられるのですね。何か耐え忍ぶ特別なコツでもあるんでしょうか？」

「悲しみがあなたをダメな母親だと思わせているのですか？　ダメな母親というのは，あなたをどんなふうに思い込ませていますか？　ダメな母のイメージは，その後のあなたに，どんな影響を与えたのでしょうか？　生活のどこに影響を与えているのでしょうか？」

意味を引き出す会話例

「奥様を亡くして生きる意味が分からないと言われましたが，それは未来に向かって生きねばならないとする気持ちとの，綱引きみたいなものでしょうか？」

「奥様が生きていた頃のあなたのこころの支えは，どんなものであったかを回想してみませんか？」

「あなたは亡くなった子どもさんの世界に行きたいと言われましたが，でも先ほどの話では，激走してくるダンプからわが身を守るために，思わず車を避けたと言われましたね。生きようとする無意識のエネルギーは強く残っていることになるのでしょうか？」

「亡き人を強く愛する気持ちはずーっと残っていると言われましたが，大切な人を喪った以後も，愛は残ったままであることは，ほんとうに素晴らしいことですね。わたしたちも感動いたしました。ありがとうございました」

「奥様が先に逝かれてあなたは苦しんでおられますが，もしあなたが先に逝かれて奥様が遺された場合には，あなたが今抱える苦しみを奥様が抱えることになりますね。奥様に苦しみを与えることがなくなったと考えるとき，あなたの生きる意味が湧いてきませんか？」

贈り物を探す会話例

　水野治太郎編著『喪失を贈り物に変える——悲嘆回復の物語』（2012，久美出版）に由来する会話法を紹介しよう。前掲の「意味を探す会話法」と同じく，外在化によってみえてくるものを探し出すことを目標とする。故人からの「贈り物」は，目に見えるものと，目に見ることはできないものとがある。むしろ目には見えないものの中に，未来へとつないでゆける宝物がある。故人の行動面の思い出と共に，意識や生き方も大きな遺産となる。

「あの子の思い出がたくさん残されていますが，これが贈り物なのでしょうね。これからも大事に胸にしまっておきます」

「あの子の遺した携帯が，大きな贈り物になっています。今でも使える状態になっていて，友だちがかけてくれています。嬉しいですね」

「あの子が生前書いていた日記を出版できて，多くの方々との交流が開始されました。人々との交流がこれからの支えになります」

「当初は，あの人は手の届かない遠くに去ってしまったと思って，本当に

寂しい思いをしていましたが，今では，私の心に生きていて，支えてくれているように思います。これが贈り物になっていて，これからも生きてゆけます」
「あの子の蔵書が友人の研究室に置かれ，名前まで付けてくれています。これが贈り物なんですね」
「グリーフケアの学習は，夫の死後に出会った大切な贈り物です。これからも勉強して，人様の悲しみに寄り添ってゆこうと思います」
「事故直後に出会ったグリーフケアに深い感謝の念をもっています。こういう自分を生かす道筋を，妻は残してくれたんだと理解しています」

（2）外在化するものは何か

　ショーナ・ラッセルとマギー・ケアリーの共著『ナラティヴ・セラピー──みんなのQ＆A』（小森康永・奥野光訳，2006，金剛出版，以下『みんなのQ＆A』と略記）という著書がある。ナラティヴに疑問が湧いたときには，ぜひ読んでみていただきたい。ヒントがいたるところに隠されていて便利である。外在化の説明の最後に大切な要点を指摘している。その中から二つポイントをあげる。第一には，「悪いものを外在化して，良いものを内在化するのか？」の質問への回答が優れた内容を披露している。

　　「私たちの経験では，**『良いもの』を外在化する**ことで，それらが『さらに豊かに記述される』ことがわかりました」（前掲同書36頁）

　たとえば，「力強さ」が外在化されたとき，それを作り上げた特定の技術や知識を言葉にしてもらうように質問できるし，さらに「力強さ」を実

現することに貢献できた大切な人々を探求したり，それにつながる価値観や取り組み，それの歴史を明らかにすることもできる，と説いている。そして困難な人生もあれば，力強さも含んでいるのが人生であり，希望・夢・情熱・基本原理・達成・技術・能力までも人生には満載されており，それを引き出して語り明かすことが期待されているのだと説いている。

　もうひとつ特記すべき点が述べられている。大変に率直な内容が明確に述べらている。

　「外在化とは，問題の影響を克服するために本人たちを援助するのに役立つ，人々の人生における美しい人間関係について，聞くことだと言えるでしょう。これなら，希望が燃えます。**愛おしいストーリーを聞き**，それを慈しみます。自宅でも，それらを思い出したりします」（前掲同書39頁）

　グリーフケアは，決して悲嘆だけに向き合っているのではなくて，当事者の人生すべて，悲嘆のみならず，楽しい思い出や素晴らしかった人生のひとコマまでも傾聴に務めることで，**喪失による悲嘆を軽減したり，人生の語り直しを促す**ように支援する，極めて優れた人間的営みだといえる。外在化する会話法は，その発端でしかないのである。筆者がナラティヴ・アプローチをグリーフケアの場に導入しようとした決断した一因が，ここに示されている。

3　「もうひとつのストーリー」探し

(1) ユニークなストーリー

　思いがけない事件・事故・突然死・病死等を経験し，大切な人を喪うような激震を直接体感すると，人生のストーリーが支離滅裂になったり，危機的状況に陥ってしまう。そんなとき「分かち合いの場」で，他者と対話を重ねるうちに，ストーリーの書き直しの材料となるような，「もうひとつのユニークなストーリー」を見いだして，新しい人生のストーリーへの編み直しが始まるのである。そこで**再著述**（re-authoring），つまりストーリーの書き直しが大切な課題となる。ただし，再著述するには聴き手が必要である。良き協力者のサポートを受けて，傾聴者となるサポーターとの相互関係のなかで，独自のストーリーが生み出される。それが幾度も語るうちに成熟してゆくと，「物語的真実」（第3章 (2) -1参照）に到達することになる。つまり，独自の価値観や人生観が入り込んだ，納得のゆく分厚い人生物語のことで，当事者には真実性を帯びたものと感じとれるものである。こころが安定し，亡き人との絆が深まる物語となる。

　ひとつのユニークなストーリーを紹介することにしたい。東日本大震災に関連するあるシンポジウムにシンポジスト兼コーディネーターとして参加した。シンポジストの一人に避難所から直接参加した女性がいた。その方はこう発言された。その要旨を掲げよう。

　「私を避難所で暮らしている哀れな人間だと思わないでください。私の家は海岸沿いにあって，津波に呑み込まれましたが，自分は町の中心部にいて無事でした。家が心配で戻ろうとしたが，道路が大渋滞で動け

なくて諦めて職場に戻りました。その途中に，ふと，こういう災害時に自分に何ができるだろうかということを考えました。そこで，今までできなかったことを今こそやろう。何ができなかったかというと，お金をせっかくためていたのだけれど，もったいないと思い，自分の買いたい宝石を買わなかった。そこで，"そうだ！　こういうときだからこそ今まで買えなかった宝石を買おう"と決意しました。自分の人生の中で絶対に買えない高価な宝石をいきなりお店に行って買いました。こういう大災害時には，人間はそれに反発して行動しようとする**反発力というか復元力**が備わっているのです。だから気の毒だとか，かわいそうと決めつけないで，人間のそういう行動力や主体的な力が湧いてくるのをじっと見守ってほしいのです」

　もちろん，この話は生命の危機的状況下での話ではない。それでも，大変深い意味を備えた，災害の被害者の思いがけない，もうひとつのストーリーであることは間違いない。そのときに感じたのは，今まで日本中で行われているグリーフケアは，どこでも悲嘆主義が基本で，「悲しいときには泣きましょう」，あるいは「自然の大きな営みには争ってはダメよ，それを受け入れて，従っていくより仕方がないわね」という基本姿勢が貫かれており，だから，「悲しい分だけ泣きなさい」と，悲しみの下敷きになりながら，「ジーッとその中で耐え抜きなさい」という方向しか示していないのではないか，ということであった。これを悲嘆主義アプローチという。マイケル・ホワイトの用語に従えば，自然主義的だというのである。諦めの思想，こういうときには仕方がないよ，何もかもダメなんだから，ジッと耐えるよりしょうがないよと……。いずれ何か違った光が当たるかもしれないよ，という慰めの仕方しかない。悲嘆主義のほうが，アジアの

仏教圏の人たちには受け入れやすいといえる。意図的に抗うのは知恵のある生き方ではない。本当の知恵は従う中から出てくるという生き方である。

これに対して，先の事例のように，こういうときだからこそ今まで買えなかった宝石を買うという生き方は，誰もがやる常識あるいは定説とは流れが全然異なったものである。ナラティヴ・アプローチの理論とか技法に接した人なら，人間は，こういう選択もできるし，ひとつの生き方ともいえると共感できるものがある。

ナラティヴでは「**もうひとつの物語**」(alternative story) を探し出すために質問するわけであるが，何に対する別の物語かといえば，世間的な常識とか定説に対する別のストーリーということである。以下はその一例といえる。

(2) 支配的物語に対するもうひとつのストーリー

世間に流布している支配的なストーリーが随所にある。それに対して，もうひとつのストーリーもみられる。例外といってもよいし，定説を覆す「脱構築」のストーリーでもある。人は世間の常識や定説に従って暮らしているようであるが，実際には，そうではない。特に人は問題を抱えたとき，常識が人を苦しめるわけで，その常識を覆すところに，生きる意味や生き甲斐が見いだされるものである。具体例をあげよう。

「あの子は勉強が好きではないみたい。でも運動能力は抜群みたい」
「体が弱いEくんは勉強はダメ。でも毎日学校には休まないで通ってくるよ」
「Dさんは夫婦仲が悪いと思っていたところ，そうでもないみたい。この

間,仲良く旅行にいく姿をみかけたよ」
「世界中の政治家はみな金の問題を抱えているみたいね。例外ってあるのかな？」
「今の若者はみな幼くて弱気で元気がないよね」「そんなことないよ。こういう子もいるよ……」
「若い人の事件が多いね。あぶない若者の抱える共通問題はなんだろうね」「でもボランティア活動には熱心だよね」
「いまどきの年寄りだって危ないよね。わがままで自分勝手で,困ったものだよね」「でも周りに気配りしている人もいるよね。この間,電車で荷物を持った若い人に座席を譲っている老人の姿をみかけたよ」
「あの人,ご主人が自死しているよね。辛いでしょね。どうしようもないよね,あれではだめね」「そんなことないよ。けっこう,ちゃんと挨拶していて,しっかりしているよね」

　世間的評価や常識・定説を覆すようなストーリーを探す,それがその後の人生再構築の第一歩になるのである。次章では,それをディスコースと呼んで脱構築のプロセスを詳述するが,ひとことでいえば,語り手の語りが唯一絶対の真実と思われる場合でも,それはひとつの説明・ひとつのストーリーにすぎず,同じ現実であっても,別のストーリーが存在するものとみる。たとえば,愛する人を喪い,死にたいくらい辛い現実に直面していても,愛する気持ちの中には,その人が依然として生き続けてはいるのである。そのことは,愛する人がこころの中から消えることもないという現実を同時に意味していることになる。そのユニークな現実に焦点化するストーリーを引き出せるなら,喪ったという語りをも変えることが可能となる。

たとえば，がんで伴侶を亡くした方の悲嘆は，長く継続し，生活の隅々にまで影響するものである。しかし，夫の趣味を引き継いだり，妻の好きだった料理に挑戦するなど，もうひとつのストーリーを継承してみると，絆が深まり，それが支えになることもある。こんなこと，といえる**小さな出来事**ではあるが，そこに生き甲斐が生まれるのであろう。

（3）対話を通じて例外を探す

　ある患者が「こんな苦しみがずっと続くようなら，とても耐え抜くことはできないので，死にたくなります」と言ったので，「どんなふうに苦しみが襲ってくるのですか？　どんなときに死にたいという気持ちが湧いてくるのですか？」，さらに「そういう気持ちに襲われるとき，傍には誰かがいましたか？」と尋ねたところ，「いえ，誰もいないときです」と答えた。そこで，「ということは，かたわらに誰かいるときには，死にたい気持ちにはならないということですか？」と聞くと，「そうですね……」との回答を得た。

　これが例外に当たる内容である。やはり人間は誰かがいてはじめて自分であることができるので，見守ってくれる人が必要だということを改めて認識させられた。そして，痛みに耐えている自分を誰かが知っていることが重要なのであろう。痛みから死にたいという願望が襲ってはくるが，誰かが判ってくれれば耐えることができる。このユニークなストーリーは，**人間存在について深い意味**を投げかけるものといえる。

　この場合，問題の中心は決して「痛みがある」ということではない。痛みをもつ人に「寄り添う人がいない」ことが問題の中心テーマとなる。要するに，痛みという問題はあっても，寄り添う人がいることで問題を抱える人の「**自己肯定感**」を増すことが一番の課題だといえる。痛みを取るこ

とももちろん重要な課題ではあるが，こちらのほうがさらに大切だといえる。

(4) 行為の風景とアイデンティティの風景

マイケル・ホワイトは，もうひとつのストーリー探しと再著述のために実践的な助言をしている。それは二つのカテゴリーに区別される。

「私は，行為の風景と意識の風景（後にアイデンティティの風景に変更）という概念が，私の実践の発展にかけがえのないものだと知った。それらは豊かなストーリー展開に貢献する治療的会話を洗練し，さらに展開するための基礎を与えてくれたし，こうした治療的会話を形作り，チャート化する地図を与えてくれたし，こうした会話は常に，諸個人の人生のオルタナティヴなストーリーラインの豊かな展開に貢献するもの，その形跡は，人々の生活表現の中に絶えず存在する」（前掲同書『実践地図』69頁）

行為の風景とは，ストーリーの題材であり，一連の出来事のことである。前掲の『みんなのQ＆A』では，出来事や風景について尋ねるもので，以下のような質問によって代表される。

・そこで何が起きたのか，少し話してくれませんか？
・あなたはどこにいたのですか？
・周りには誰がいましたか？
・そうするための準備として，あなたはどんなステップを踏んだのですか？

（前掲同書『みんなのQ＆A』53頁）

これらの質問をグリーフケアの現場に即して置き換えてみたい。問題や悲嘆があってもなお，生きられる領域があることに気づいてもらうことが重要である。

　「悲嘆の苦しみはどんな状況であなたを襲ってきますか？　そんなとき，あなたは，どんな行動をとりますか？」
　「痛みがあなたを襲うとき，たとえば特定の場所がありますか？　もしあるとすれば，それはどんな理由があるのか，心当たりがありますか？」
　「悲嘆を少しでも回避できたとき，あなたのとった行動に，何か思い当たることがありますか？　たとえば，好きなことに専心できたときとか？」
　「ご自分で料理をするようになって，心境の変化はありましたか？　亡き奥様に料理をお供えするという心境は，どのような状況から生まれてきたのですか？　自分で料理をするようになって，少しでもこころの痛みが和らいだとすれば，料理することの意味は変わりましたね？」

「悲嘆の苦しみはどんな状況であなたを襲ってきますか？」という質問は，辛いとか悲しい感情が襲う時間帯や場所，その状況を確かめるための質問で，まさに「行為の風景」と名づけられるゆえんである。行為をめぐるこうした一連の状況・場所・時間帯・そこに居合わせた人々を浮かび上がらせるための質問を通じて，人生のストーリーがいっそう豊かに語られることになる。
　具体的な例で説明したい。「私は愛する人を喪って辛いんです」という

語りに対して,「どういうときに辛さが襲ってきますか?」とは,普通は尋ねない質問である。辛いと言われれば,四六時中辛いに決まっていると決め込んで理解してきたように考える。それを「どんなときに一番辛いと感じられますか? 特定の場所はありますか? あるいは,時間帯みたいなものがありますか?」というように,辛い感情をめぐる状況をさらに踏み込んで語ってもらうことで,みえてくるものがある。

たとえば,夕方が一番辛いとか,灯りがともってない暗い家に帰るのが辛いとか,一周忌後が一番辛いとか,特定の時間帯とその意味づけがストーリーをよりよく深めることにつながり,さらに**例外的な時間帯の発見**や,**場所**についても新たな発見があったりする。そこには種々の意味づけがみられるものである。

そして,「そのように辛い時間帯に,あなたはどんな対抗手段をとりますか?」と尋ねることで,問題があってもなお生きられる余裕が生まれるといえる。

さらに,台所で自分だけの食事をつくる時間が一番みじめで辛く,死にたくなるという人に対しても,そうしたみじめな感情を回避する瞬間があるかもしれない,と質問する。私の電話相談でも,「仕事はできています。けれども,家の中でボーッとしているのが,とっても辛いんです」と言われ,「仕事をやるエネルギーはどこから湧いてくるんですか?」と質問したら,「それは職業意識です。個人の感情を入れては私の仕事は成り立ちませんから」とおっしゃったので,仕事の責任感とかエネルギーを少しだけ家庭の中に逆輸入してみる道筋がみえてきた。

先の会話の中にある,妻亡き後の男のクッキングをめぐる会話は,辛くて長いストーリーが背後に控えているものである。筆者の学部時代の恩師の一人,作家・城山三郎の妹を妻にもらった林董一氏は,奥様に先立たれ

た後の男の苦悩に「食」の問題を挙げている。妻亡き後，マンションの管理人から近くの食堂の「日替わりランチ」を勧められ，なんとかそれが孤食を救ったという。そして，お彼岸に再会した幻の妻にその事実を告げようとした。

「起伏に富んだ人生遍歴で，伴侶との死別ほど悲しく苦しく，心身に深刻強烈なダメージをあたえることは，他にあるまい。三年半前，糟糠の妻を黄泉（よみじ）へ見送った私も，しばらく周章狼狽の大混乱。何事もできる範囲で，と腹をくくり，いくらか落ち着く。だがしかし，時日の経過とともに，別の苦悩がうまれ，切実さをしだいに増大させる。そう，生をつなぎ，健康を保つための，食の問題に外ならない。（中略）8月13日，月遅れのお盆。日が傾き，黄昏どきの気配がしのびよるなか，燃え上がる迎え火の焔（ほのお）と煙の向こうに，なつかしのわが家に戻った，愛しの人の幻影を，私の視線がしっかりととらえた。とらえて放さなかった。『お母さん，お母さん』。絶えて久しく使わなかった呼び名の余韻が，胸をしめつけるように，切なくひろがった。妻恋しのしのび亡きで，頬をぬらしながら，続けた，『日替わり食べているから，安心してね』と」（林董一著『名古屋 城山にて』2016，風媒社，178〜181頁）

超高齢化社会にあっては，珍しい話ではないかもしれないが，妻を喪った男の料理には戸惑いと苦悩がつきものといえる。ことに自分のためだけに料理を作ることには深い悲哀と辛さがにじむ。そんなとき，亡き人のために料理を作り，それを仏前に供えるという話が出た。奥さんが亡くなって自分で料理を作るようになったというときに，どうしても進んでやるというよりは，そこにはためらいがあるとおっしゃった。仏壇に供える行，つまりグリーフ・ワークのつもりで食事を作ったらどうかという，協働行

為としての結論が生まれた。その人は毎日，新しい食事を仏前に供え，「おい，おれ，こんなふうな料理ができるようになったよ」と……。こうした亡き妻との会話が，何の矛盾なく食事作りに勤しむ支援となったことはいうまでもない。これこそ，もうひとつのオルタナティヴ・ストーリーで，この方は，本来の活力を取り戻された。

　具体的な状況での例外的なストーリー探しのためには，傾聴者の質の高い質問や問題意識が求められているといえる。語られる経験は，そのまま真実・事実とはいえない。別の語り方が可能であるから，それを引き出すように努める。唯一の真実とみえるものでも，ひとつの説明（ストーリー）にすぎず，同じ状況でも必ず別のストーリーが存在するとみる。

　末期がん患者を励ますひとつのストーリーがある。**「病気と病人の違い」**と表現される内容である。がん患者はがんという「病気」にからだは冒されていても，こころまでも病んではいない。だから病人では決してない。からだに病苦はあっても，一人の精神的には健康な人間として生き続けられるように支援することができる。こういう知識と視点がもうひとつの物語を創り出す可能性を生む。ことに終末期の患者さんへの認識を変える必要がある。「あの人はがん患者でもう死ぬよ」「もう会いにいってもダメだよ」と，こういう世間的な常識をどこかで打ち壊わさないと，がん患者は生きていけない。3人に1人ががんで亡くなる時代に，「がんになったらもうおしまいよ」などという定説を覆して，がんでも最後まで人として生き抜くこと・生き抜けるようにすることが大事な課題となった。心身のがんサポートが巧くゆくとき，病人にはならないようにする気構えが，生きるための新たなストーリーを生み出すに違いない。

（5）アイデンティティの志向性

マイケル・ホワイトの提案になる二つめのカテゴリーは「**意識の風景**」あるいは「**アイデンティティの志向性**」と名づけられたものである。

その説明に関してこう述べている。

　「人々の人生のストーリーを再協議することは，アイデンティティの再協議でもあるというこれ以上単純化できない事実を強調する意味でも，メリットがある」（前掲同書『実践地図』70頁）

この文章の中に，ナラティヴ的な意味が込められているので，説明が必要となる。まず「人生のストーリーの再協議」の語は，聴き手と語り手の対話によって，語り手によってすでに語られたストーリーの矛盾点・裂け目をみつけ出して，小さなもうひとつのストーリーを発見することで，新たな人生ストーリーの再構築につながるので，大切な協議的作業といえる。そのとき，語りにみえるアイデンティティ，ふつうはこの語は，「その人らしさ」という内的な一貫するものを意味してきたのであるが，彼は，そうではなくて，「アイデンティティの志向状態」をむしろ意味している。

ということは，従来の内的・性格的・静的な意味づけとは異なって，むしろ意図的・目的的・希望と夢・価値観等の外面的・動的・志向的内容を中心に見据えているのである。つまり震度7くらいの激震を体験した者なら，必ず行動のうえで，**目的意識や希望・夢という未来志向**において，変化がみられるものだという考えが背後にうかがえる。

先の「行為の風景」のほうは判りやすさがあるが，こちらの「アイデンティティの風景」のほうは戸惑いを覚える人がいるに違いない。用語の難解さに加え，積極主義的でありポジティヴであるからといえる。喪失体験

のような大切な人やものを否応なしに喪失した人々にとっては，あくまで受動的であり被害者である事例のほうが多い。そこでこうした積極主義を貫く質問をする側としては，厄介なことと思える。しかし，結論はまだ早い。もう少し意味するものに耳を傾けてほしい。

　まずは意味するものを理解するために，再び前掲の『みんなのＱ＆Ａ』をみてみよう。以下のように判りやすい説明がみられる。

- ある特定の行為を形作った意図ないし目的について訊ね，
- そして，それらを支持している価値観および信念について訊ね，
- その次に，それらの価値観と関連した希望や夢について訊ね，
- さらに，そういった希望や夢によって表現される生活の基本原理について訊ね，
- 最後に，取組み，ないし人々が人生において支持していることについて訊ねるのです（前掲同書64頁）

　これらの項目は，上の項目から下の項目へと移動するにしたがって，人生のオルタナティヴ・ストーリーがより一層豊かにより深くなってゆくように構造化されている。最後の項目は未来への展望を開く質問となっている。

　少し具体的な展開を進めてみよう。Ｈさんは喪失体験後に，グリーフケアについて学ぶ中から，ご自分もスタッフとして現場に出てみて，人々の語りを傾聴することになった。そのＨさんに，これらの質問を試みてみよう。

傾聴者：Hさんは大きな喪失体験を経験されながら，7年後には，今度はスタッフとして，他者の語りに耳を傾けるようになられたのですが，その行為の背後にはどのような意図や目的がありましたか？

語り手：特に意図とか目的のようなものはなかったように思います。痛みの分かち合いでは，最初は雰囲気にも慣れなくて，違和感もあって自分の気持ちすら話せない状況が続きましたが，参加する回数が重なるにつれて，こころの通い合う友だちも増えてきて，自分の気持ちが整理されると共に，次第に他者の語りが耳に入ってくるようになりました。一緒にうなずいたり，涙したりするうちに，他人の話がこころに届くようになり，自分との違いや，語りの特色もみえてくるようになりました。

傾聴者：あなたがはじめて参加されるようになって，次第に他者の語りに関心を寄せ，スタッフみたいな気持ちで語りの傾聴に務めるようになったということですね。そうした行為を支えている考え方というか価値観を教えてくださいませんか？

語り手：はっきりした使命感とか価値観があったのではなくて，自然の流れでそうなったと思います。ただ，自分の息子の死があってはじめて出会ったグリーフケアの世界なので，**息子が道をつけてくれたもの**を大事に考え，力不足とは思いながら続けてきました。最近は，グリーフカウンセリング講座から多くの学びを得て，グリーフを外から見つめ直すうちに自分の存在も認められるようになりました。それには息子の後押しを強く感じています。

傾聴者：そうですか，息子さんのたましいの慰霊のためにも，グリーフケアに専念しようとされているんですね。何かスピリチュアルな働きが感じられたということでしょうか？

語り手：息子はカウンセラーになることを夢見ていましたので，それに近い，グリーフケアに携わると喜んでくれるに違いないと感じています。不思議と**分かち合いの会の前後に必ず夢に出てくる**のです。

傾聴者：そんなことが繰り返されているのですね。そこでお尋ねしたいのですが，今，従事しているグリーフケアに関して，希望とか夢というものがあるのでしょうか？　あったらどんなふうに夢の実現に尽くしているか，教えてくださると幸いです。

語り手：特別に気をつかっていることといえば，参加者の気持ちを大事にすることです。自分がちゃんと語りを聴けているかどうかわかりませんが，長く続けていて感じることは，その場に流れている空気が，自然と居心地の良いものになっていることです。参加者にとって一番望んでいることだと思います。あと，密かに続けていることはあります。毎回の出席者に次の会のご案内を差し上げるように気配りしていますが，そんなとき，**はがきに簡単な言葉を書き添える**ようにしています。出席者全員に発送するのですから，かなりの数にのぼりますが，それが使命というか，生活の基本になっているように思います。

傾聴者：ありがとうございました。素晴らしいお話を聴くことができ，感謝します。これからもずっと活動を後押しされるのですね。

語り手：そうなりますね。健康である限り続けていくつもりです。参加者と少しでも寄り添えるように，これからもできることをさせてもらいたいと思います。それが亡くなった息子と夫のたましいを背負う者の務めのように感じています。

傾聴者：ありがとうございました。今後のご活躍を祈念しています。

以上はコメントをつけなくも判る文章であるが，語り手は，現在もグリー

フケアの現場で，筆者の活動を支えている大切なスタッフの一人である。マイケル・ホワイトの第二のカテゴリー「アイデンティティの志向性」が巧く当てはまる内容になっている。このHさんは，愛する家族との死別による人生の長い暗闇を抜けた後，グリーフケアの勉強をされ，スタッフとして従事されている。

　ところで，新しい参加者にいきなり夢や希望について質問するのは無理があるように考える。そこでやはり初期状態を脱して，抱える現実の意味を模索しようとされたときには，質問事項を「行為の風景」から始め，「アイデンティティの志向性」に至る一連の質問をぶつけてみることが望ましいように思う。もちろん，人によっては，当初から意味探しを始める人もおり，また自分一人だけ生きることに意味を見いだせなくて苦しんでいる方もいる。そのようなスピリチュアル・ペインを抱えている人には，意味探しのための行為や生活の意味づけに関する質問ができる可能性が広がる。要するに，語り手の状況をよく理解し，支援することが基本のねらいとなる。

4　まとめ── 外在化のねらい

　本章を終えるにあたって，マイケル・ホワイトとデイヴィッド・エプストンの見解を国重浩一が要領よく紹介しているので，引用しながら，グリーフケアの現場での有効性を追究しつつ，筆者なりの説明を加えてまとめにしたい。同書は，筆者がナラティヴ・アプローチに自信が持てないときや，戸惑いがあるときに，活用させてもらっている便利な文献といえる。不思議にやってみようという意欲が湧いてくる手引書といえる。

「1. 誰が問題に対して責任があるのかという論争を含め，人々の間の非生産的な葛藤を少なくし，2. 問題解決の試みにもかかわらず存続する問題のために，多くの人々がもつに至った不全感を解消し，3. 問題に対して一致団結して立ち向かい，人々やその人間に対する問題の影響から身を引けるような方法を示し，4. 人々が，問題やその影響から，彼らの人生における人間関係を取り戻す，新しい可能性を開き，5.『恐ろしくシリアスな』問題に対する，ライト感覚でより有効な，それでいて，さほど緊張しなくてすむアプローチを取る自由を与え，6. 問題に対しては，モノローグ（独話）よりもダイアローグ（対話）を提供する」（国重浩一著『ナラティヴ・セラピーの会話術』2013, 金子書房, 134頁）

以上の内容は外在化する会話のねらいであるが，ひとつずつ確認しておきたい。1.のメッセージは，外在化のねらいをよく説明できているように思う。「私が早く気づけば」「いえ，夫がちゃんと話を聞いてくれないことが原因だ」というような，誰かが悪いとする議論は，葛藤だけをもたらす非生産的なものだということ。それよりは，「私は息子を死なせてしまったダメな親です」という自責・後悔の念を背負い続ける親に対して，その気持ちには尊敬の念を持ち続けながらも，「ダメ人間だとの思いは，あなたの生活のどんな部分に及んでいますか」「ダメ人間ではないとする領域はありますか？」等の影響相対化質問を繰り返すことで，こころの痛みを相対化し，軽減することを狙っていることを意味している。

外在化は家庭でも職場でも応用可能である。「このごろ帰りが遅いね」と家族を叱りつけるよりは，「近ごろ遅いのは，ポケモン探しに忙しいのね」「宿題よりポケモンのほうが魅力があるのね。こんどは宿題ちゃんとも仲良くしてね」とユーモラスに切り返すと，葛藤が軽減されるに違いない。

外在化の効能は至るところにみられる。

　2．については，三回忌までは仕方なしと周囲が悲嘆を見守ってきたが，それが過ぎても亡き人を追慕する姿勢は変わらず，依然として大きな悲嘆にくれる人をみて，周囲はただあきれ果てて，非難するだけ，という事例がある。悲嘆は数年経過すれば解消するというのも，決まりきったディコース（常識）で，それを周囲が押しつけることで，それが原因となってこころの痛みをもたらす。グリーフにそのような定説はない。そんなときには，悲嘆を客体視して，悲嘆があってもなお生きられるようにすること。たとえば，絆の強さを感じるように語りを導くとか，同じ体験者との連帯感によって，互いに励まし合って生きられるように仕向けることが新たな課題である。

　3．について，すでに上記で述べたように，参加者同士のつながりを促進するように配慮することが，グリーフケアの目標のひとつでもある。マイケル・ホワイトは，「**アウトサイダー・ウイットネス**」つまり外部の証人とか，第三者的証人の語を使って，語り手・聴き手以外の第三者の協力を積極的に活用する仕組みを準備している。たとえば，喪失体験者に許可を受けて「アウトサイダー・ウイットネス」に登録しておいて，後に共通の体験者が現れたときに，協力してもらうようにするものである（『実践地図』128頁）。

　4．については，深刻な出来事のあと，遺族が地域から孤立する事例がある。たとえば，部屋のカーテンを閉めて，覗き見られないようにする。電話が鳴っても出ないようにする。閉鎖的態度は孤立の始まりといえる。しかし，そのように孤独な状態の人でも，分かち合いに参加して，他者に語り始め，傾聴される体験を重ねるうちに，社会に受け入れられたと感じ始め，猜疑心がなくなり，開放的に振る舞うようになる。語りの効果とい

える。

　5. については，深刻な喪失体験者でも，問題を客体視するうちに，縛りつけられていた感情が解きほぐされていき，自分が抱える問題ではあるが，ユーモラスに他者と共に問題を異なった視点から語り始めることをいう。たとえば，津波ですべてを喪った方が「あんなことは二度と嫌だけど，でもあればあったので，先生にも会えたし，大勢の新しい友人をもつことができたよね」と振り返る余裕が生まれる。

　6. については，最もナラティヴ的特色といえる。他者に語る・他者の語りを傾聴する，このことが人間の活動の中心であり，文化の基礎を形づくることにもなるということに尽きる。人間は関係的存在であるために，自己を通じて他者が誕生し，他者を通じて自己が生まれる。そのための基本は対話である。語る行為は社会的行為であったり，政治的手段であったり，教育そのものであり，また最も人間らしい営みでもある。ナラティヴ・アプローチは，そこに基礎をおく人間的営みだといえる。

第5章

ストーリーの語り直し（再著述）の実際

本章のねらい

　人は自分の人生を他者に語るとき，そのライフ・ストーリーの著者（author）となる。しかし，人は他者から完全に独立して生きているわけではないので，語られるストーリーは，聴き手が存在してはじめて語られるわけである。そこで，聴き手と語り手の両者が協働してストーリーを構築していることになる。つまり，聴き手なくして語られることはないし，語り手の語る物語世界に聴き手は巻き込まれ，共同世界を現出することになる。

　そして，ひとつの語りは決して固定化されることはなく，たえず再著述（re-authoring），つまり語り直しの機会をもち，未来へと開かれていくのである。語りと共に，語り直す行為も最も人間らしく，生き生きとした営みとなる。人は自分の経験を語ると共に，語り直すことで，自分の感情や知性のすべてを表現しようと試みる。聴き手は，語りを理解して感情を受け取るにとどまらず，さらに語り直しへと展開する過程に深く関わる協力者になるわけである。

では，語り直しはどのように進められるのか。本章は，最もナラティヴ的な課題に向かって，グリーフケアの現場で具体的にどのような会話によってリードされていくのか，そのきっかけはどう見いだされるのかについて，検討してみたい。

　しかし，セラピーとは異なって，筆者が取り組むグリーフケアの場では，語り直しのための，これという決め手は明確にはない。筆者の経験からいえば，幾度も語られる語りがある程度成熟したときとか，他者の語りにも耳を傾ける余裕が生まれたときとか，自分の語りに違和感をもちはじめたとき，あるいは客観視することが可能になったときに，語り手が自ら視点を変え，意味づけに変化をもたせ，ユーモラスに語り始めることもあり，それが重要な**語り直しのきっかけ**になっているといえる。そこで聴き手の側に語り直しへの問題意識がないと，見過ごしてしまうことが多い。だから語り方の変化に敏感に反応できるように，学習と経験を積むことが求められる。

　さらに，語り直す行為と語り直された内容が，ある種の人間的成長・成熟につながっていると思えるような場合がある。自省の声とか，過去を違った目で見直し，未来への目的意識に明らかな変化が生じることがある。その第一歩が，語り直す作業といえる。したがって，**喪失後の人間的成長・成熟**のテーマは，当事者にとっても，寄り添う支援者にとっても，ひとつの大きな主題となる。

1　語り直しの条件——脱構築・脱定説

(1) ディスコースとナラティヴ・アプローチ

　われわれの社会には，いたるところ世間体とか常識というものが支配している。「足が痛い」「肩が痛い」と言うと，「どうしてあのサプリメントを飲まないの？」と突っ込まれてしまうほど，テレビ・コマーシャルで「不足しがちな〇〇〇を補いましょう」という文句が刷り込まれてしまう。そしていつのまにか，それが世間の常識となってしまう。言語，教育，思考や行動にも，広く社会の隅々にまで支配している常識や定説というものがあって，これが生活を支えているといってもよい。これを哲学や言語学では，「ディスコース」（英語）とか「ディスクール」（フランス語）と呼んでいる（国重浩一著『ナラティヴ・セラピーの会話術』2013，金子書房，90頁）。

　ナラティヴ・アプローチでは，問題を抱えて苦悩する人々の語りを外在化することで，ストーリーの中に見え隠れするディスコースを探し出して，もうひとつのストーリー探しをする。すると生きられる空間を提供することになる。

　たとえば，「がん」という病気につきまとう悪いイメージ，「がんになったらおしまいだ」とか「あれは死病だ」とする意識を脱構築しないと，生きているにもかかわらず，周囲から社会的に抹殺されてしまい，患者はよく生きられない。また十分に死にきれない事態が生じる。医師でも，治療困難ながんを敗北意識でイメージ化して，モルヒネを使用するのに「毒を入れます」と宣言する人が今日でもいると聞いている。「がん対策基本法」が施行されて，痛みは初期の段階からとってあげようとされているにもかかわらず，モルヒネを使用するために医師になったのではないと考える若

い医師も現実にいる。医療の中には，病気を治癒する以外に，患者を苦しめないで治療することもあるはずである。ここにも，変えられない古い常識に捉われている現実がうかがえる。モルヒネは健康な人間には毒であるが，痛みから何もできない人，生きる意欲が奪われている人には，これによって痛みが緩和されて，最後まで生き抜こうとする気力が湧いてくるものである。モルヒネの意味はひとつではない。多様な意味がそこには隠されている。

　人は出来事あるいは現実に対して，ディスコースに従って自分なりの感じ方や理解の仕方をするものだという前提を下敷きにして，グリーフケアが始まる。つまり喪失による悲嘆・絶望感の底流は，ディスコースが支配している。その人なりの感じ取り方や理解の仕方の中には，その人の受けた教育やその人を取り巻く人々の価値観や世間の常識から強く影響されていることがある。

　筆者が1991年にはじめてがんの手術を受けたときには，儒教思想の影響があってか，親からいただいた体にメスを入れるとは親不孝だとする定説をぶつけられ批判されたり，がんになるのは暗い性格の人が多いともいわれ，戸惑いを覚えたことがある。しかし，現代のように，3人に1人ががんで亡くなり，2人に1人ががんになるような時代が到来すると，がんをめぐる過去の世間的常識をはっきりと口にする人は，表面的にはいなくなったようにみえる。でも密かに残っているかもしれない。

　世間に定説・常識があって，それを頼りにして人は生きている。それが完全に崩壊すると，人はどうやって生きていくのか判らなくなるに違いない。社会生活を送る人間にとって，社会の秩序や行動様式を定式化する社会常識は，確かに必要不可欠であるに違いない。そして，社会常識の背後には，倫理や道徳によって深く意味づけられた価値観が控えている。社会

に通用するふつうのモラルが欠けると，あの人は変な人，困った人，付き合ってはいけない人だと非難されてしまう。

(2) 悲嘆の一因となるディスコース
　喪失による苦しみを受けている人の中には，世間体を支えるモラルが耐え難い苦悩の一因になっていることがある。

「まだ若いのに死ぬなんて」
「自然災害で死ぬなんて神の裁きに違いない」
「夫が死んでからあの人は食事すら作らなくなったのね。主婦なのに
　　……」
「夫を亡くした妻は元気になり，はつらつとして生きているというけど，
　　本当だね。町内の〇〇さんは涙を見せずに，笑顔で応対しているよ」
「あの人，看護師だというのにお子さんの病気に気づかなかったという
　　のね，看護師をやっていたなんて信じられない」
「医師のくせに妻のがんが判らなかったというのだから，困ったものだ
　　な」
「あの災害地で生き残ったのはあの人だけだってね，自分だけ助かって
　　よく生きているわね」

　こうした非難・批判の声は，世間体をつくっている常識や世間のモラルに依拠するものである。専門的知識ですらディスコース化していて，人々を苦しめることがある。末期がんの患者に「代替療法なんてお金の無駄ですから，止めたほうがいい」と医師が助言するかと思えば，患者に「もう手遅れなので，治療は一切中止します」と宣言する。患者はどう病と向き

合えばよいのであろうか。専門家が無防備の人間を苦しめる事例は多数ある。これらの中傷・非難をそのまま,「確かにおっしゃるとおりです」と素直に受けとめることができるであろうか。それらの言葉は,病む人への尊敬心も慈しみのこころも失われた,三人称の死に対する無責任な声としかいいようがない。

　患者はもちろんのこと,遺族となって喪失体験者になる人々は,世間体・常識とは違う独自の孤立化した状態に落ち込んでいるのであり,そこから脱するには,まず世間的価値観を脱構築して,独自のスピリチュアルな価値観を持たないかぎり,これらの世間の声や批判を乗り越えることは難しくなるということである。悲嘆を抱える遺族がたくましく立ち上がるためには,世間体を乗り越える独自性が求められるのである。**実存性**とか**精神的な独自性**が要求される。そのためにナラティヴ・アプローチは,語りの中に隠されているユニークなストーリーに着目するように努めるのである。それが語り直しの出発点となるのである。

　そこで少し先回りして,語り直しの具体例を紹介しておきたい。内容は,筆者がこれまで著書を通じて紹介ずみのケースである。

①「人々の悲嘆への対応は人ごとに異なっていて,悲嘆からの脱出法もみな異なる。このことを学んでおくだけでも救われる。"学ぶことは救われること"である」
②「夫を喪った者の意味探しの旅は今始まったばかりである。そんなとき,亡き夫のことがよみがえってきた。人は高いところに住むと,偉くなった気がするが,この家は自分の家とは思わないで,自分たちは大自然のただの管理人だと思ってここに暮らそう。主人の遺したこの家で,主人のたましいと共に,子どもたちと暮らしてゆこう,と思い

始めた」
③「夫は，夢の中に3回も現れた。1回目は，玄関先で自転車に乗り，笑顔で"行ってきます"という姿。2回目は，海の見える丘で気持ちよさそうに遊んでいる姿。「もう薬は飲まなくてもいいの？」と聞く私。3回目は，雲の上の教室で黒板を前にして授業をしている姿。天国でも教師として頑張っているんだと思うと，こころの痛みが少し軽くなった」
④「なぜ神様は人生の最後にこんな苦しみをもたらすのか。年を重ねることは，なんの楽しみもなく，苦だけが待っているように思えた。しかし，夫の死で分かった。死は特別のことではない。人は何かを失って初めて感じるものがある。何かを失うことは，新しいものに出会えることでもある。目にみえないものを感じる自分のこころを大切にしたい。前を向いて一生懸命に生きていきたい。私の中に，竹の節がひとつだけできたことを信じて……」
⑤「人間が生きるということは寂しいこと，悲しいことかもしれない。愛する者を失う悲嘆は，常に人間の生につきまとっている。そして多くの喪失体験者にとっては，自らがその原因をつくったとは思えない不条理なものである。この経験で，拉致被害者の苦しみや，東日本大震災で経験された多くの喪失体験を，初めて，万分の一でも，自分のこととして理解できたような気がする」

こうした語り直しの実例は，背後に必ず，悲嘆の一因ともいえる社会的常識があり，それによって苦しめられてもいる。それを脱構築（常識・定説から逃れるためにそれを否定したり，打破する意味。そのためには，世間体を打破し乗り越えるための語りの独自性・主体性が要求される）する必要があ

る。語り直しの中にひそかに，また表立った形で世間の常識との戦いがみられる。

　たとえば，①の意味する内容は，悲嘆の学習が，悲嘆というものについての客観的な知識を培い，向き合う姿勢を育てるものだと結論づけている。その前提にあるものは，抱える問題の知的理解が，悲嘆を軽減する有効な手段になるというメッセージである。では世間の常識はどうであろうか。悲嘆の研究やグリーフケア自体に対しても，非常に冷ややかであり，その意味を認めようとはしない。悲嘆を早く忘れなさいというのが常識である。死別による悲嘆を乗り越えるために学習することも，執着心に捉われているものだと決めつける。また悲嘆そのものをタブー視するのが世間の常識であり，ディスコースといってもよい。やはり**体験者だけがその必要性を認めるのがグリーフ教育**である。生と死の教育もグリーフ教育も，体験した者だけがその価値を認める。世間体を打破しない限り，体験者の救いはないといえる。

　②の語りは，世間のとおりいっぺんの幸福が夫の自死によって壊され，夫不在の家庭となったが，それを必死になって守り抜こうとする姿勢がうかがえる。夫は現実的には不在であるが，夫の遺したメッセージ，つまり希望や志を家庭の守り神として位置づけようとする妻の思いが語られている。スピリチュアルなこころの作用と，世間体ではなく自分流の幸福を追求しようとする主体的・実存的意味を認めることができる。

　③は，目にはみえない夫のたましいと夢の中で出会っている姿を語っている。それ自体がスピリチュアルなものである。と同時に，世間の常識である現実主義を否定し，愛する対象はこの世から失われても，愛はなお生きて働いていることを強く訴えている。**世間体をはばからず主張する**ことが大切である。そして愛が生きて働いているがゆえに，夢の中に夫は3回

も登場する。二人の絆の強さをヒシヒシと教えてもいる。

④は，人は大切な人を喪ってはじめて，目には見えないものを感じる能力，スピリチュアルな力が芽生えるものであることを指摘している。そしてすべての喪失は不幸・災難とレッテルを貼る世間の常識に反して，失うことで出会うこと，感じる感性が「**竹の節**」として育つものだと語っている。喪失が人間的成長・成熟と内的関係にあることを示唆している。

⑤には，自分が体験した内容から，他者の苦しみに共感する能力が湧き出てくるという，スピリチュアリティの世界を描いている。

以上の例からは，喪失体験者が世間の常識から受けた差別的蔑視感や屈辱・違和感・敗北感をはねつけ，乗り越えて，自らの生きる希望や目的意識を見定め，新たな人生に再挑戦するこころの軌跡を描いていることが理解できる。ディスコースを打破して自分流の価値観を確立しながら，生への前向きな意欲を語っている。グリーフケアのなすべき課題をみせつけられる思いがする。

2　グリーフケアの中のスピリチュアルケア

(1) 絆というスピリチュアルな力

筆者は，日本で「スピリチュアルケア」や「スピリチュアリティ」のことが議論される以前から，このテーマには意識的に向き合ってきた。ことに1979年に米国カリフォルニア州南部の小さな大学に客員研究員として滞在し，「トランスパーソナル心理学」を学んだために，他者のいのち，人間以外のいのち，たとえば海底で生きる生物とのつながりを感じることもできる人間の心的能力に，ごく自然に注目するようになっていた（絆の

力については，カール・ベッカー編著『愛する者は死なない──東洋の知恵に学ぶ癒し』駒田安紀監訳，2015，晃洋書房を参照）。

　そして，スピリチュアルケアに関心を寄せることになった最大の原因は，グリーフケアを通じて聞かされてきた，亡き人とのたましいの交流であり，絆の強さである。あるいは逆に，亡き人とのたましいの交流ができなくて，強いスピリチュアル・ペインを抱え込んでいる人々とも出会ってきた。

　ロレイン・ヘツキとジョン・ウインスレイド著『人生のリ・メンバリング──死にゆく人と遺される人との会話』（小森・石井・奥野訳，2005，金剛出版）はスピチリュアルなメッセージの宝庫といえる。たとえば同書に引用された，日本にも『千の顔をもつ英雄』等の翻訳書で知られていて，なじみの神話学者といえるジョセフ・キャンベルの言葉に象徴されている。

　　「私は，両親はもちろん，多くの友達を亡くした。しかし，彼らを失ってはいないという実感が驚くほどはっきりした形で，訪れた。つまり，私は彼らと共に過ごした時は，永遠なので，今でも私と共にある。それが私にくれたものは，今もなお私と共にあり，そのときには，ある種の不滅が感じられる」（前掲同書71頁）

　前掲の『人生のリ・メンバリング』では，愛する妻を喪った人へのナラティヴ的会話法に，「あなたの中に生きている彼女の半分は，あなたにどんなふうに生き続けてほしいのでしょうか？」と尋ねることで，亡き人と再会し，現実の生活の中に組み込むことを示唆する。そうした質問自体が，スピリチュアルケアを意図したものである。現実の生活の中に亡き人を位置づけ，共に生活することが可能だというメッセージを発する。

（2）スピリチュアルな会話

　筆者の経験をいえば，亡き母が生前，愛してやまなかった庭に咲く花々をそのまま維持管理することにしたが，朝晩，咲いている花を仏壇に手向ける妻の所作は，その都度，母と花の美しさを愛でる，生きたスピリチュアルな会話になっていることに気づかされたものである。

　そこで筆者は，強いイメージを抱くようになった。それは，伴侶を喪った人を「**独居老人**」と呼称するマスコミに対抗する形であったが，「独居老人」あるいは「孤独老人」ではなく，故人の思い出と一緒に暮らすことを自主的に選んでおり，ゆえに，愛すべき「目には見えぬ**亡き人との関わりを楽しんいる自立老人**」だ，というイメージを植えつけるべきだと考えた。実際に隣人たちは，そのことを感じとっていて，温かに見守っている様子がみられるのである。

　このように人間は，他者のいのち，霊とのつながりを感じ取るトランスパーソナルな（個を越えたつながりを感じながら生きる）心的能力を保有している。さらに人生に意味を感じ取り，目的意識を高め，価値を与える能力も与えられている。つまり，未来に希望と夢をもって生きる方向を見定め，心的エネルギーを高めながら生きることができる存在である。その与えられた能力は限りなく大きく高いものがある。

　たとえば，人間は，地球上にいのちが誕生してからの40億年のいのちをつなぐ壮大なパノラマを意識し，高次の認識力，いわば"いのち"の全体性を展望する視野をもつことができる。こうした宇宙に広がる大きな視野からは，己の小さないのちは大きな確かな存在によって支えられているのだ，との実感を抱くことができる。これはコズミック・アイデンティティ（宇宙的視野からの自己像）と呼べるものである。

(3) スピリチュアリティの定義

　こうした無限の心的能力により，身近に起こったさまざまな出来事を読み解き，豊かなストーリーに仕立てることもできるし，逆に他との広がりのある関係性を感じることができなくて，希望が見いだせずに，虚しさと強い絶望感を味わうこともある。それらのストーリーはみな，他者と対話するプロセスの中で生み出されるものといえる。すなわち，人間の本質として所有するものというよりは，実際に人々との対話中に飛び出すようなイメージであり，ストーリーだといえる。

　あるとき，ビジネスマンが妻を喪い，途方に暮れた表情で，分かち合いの場に参加し，さっそく「最愛の妻を亡くし，今後私は何を目標に生きたらよいのでしょうか？」と質問された。同じ経験をもつ長く苦しんだ方が，当然のように「奥様は，決してどこかに去ってしまったのではなく，あなたのこころに居続けているはずですよ。絆は断ち切れてはいないのですから……」と助言した。それは少し早すぎるサポートであって，すぐに納得したわけではい。

　だがこのとき，筆者が直ちに気がついた点があった。それはスピリチュアリティの定義ともいえるものである。「スピリチュアリティとは，時間・場所を超越し，過去と未来を自由につなぎ，想起し，未来へ向かって希望する能力」という表現である。

　2007年6月，筆者は麗澤大学の竹内啓二教授と共に，ブラジル・サンパウロで開催された国際死生学会，IWG（本書第3章1-(3)参照）に招聘された。そこでスピリチュアリティのセッションに参加して，議論を重ねたときに飛び出した15くらいの定義の中のひとつであった。筆者自身は先に紹介したコズミック・アイデンティティのキーワードを提供したが，それよりさらに現実的色調を帯びた定義だと理解したのである。

一番気に入った点は,「**未来に向かって希望する能力**」という表現である。つまり大きな喪失感情のために未来に何も期待できない状況に陥った人にも,未来に希望や夢を描く力が残されているのだというメッセージを,そこから読み取ることができる。そして,この表現には「スピリチュアルケアの課題」が明白に示されているといえる。

　合理主義・効率主義に依拠する医療も科学理論も,そしてどのような宗教理論も,未来に希望を抱こうとする人間の意志や願望を否定したり,拒否してはならない。ナラティヴ・アプローチは,スピリチュアルケアを標榜することはないが,温かなまなざしでクライエントに向き合い,未来志向型の質問を投げかける熱意あふれる姿勢をもっていることを,彼らのワークショップ紹介文などから読み解きたいものである。

3　語り直しの意味と実例

(1) 語り直すことが生き残る技となる

　筆者は,のべ人数5,000人にのぼる喪失体験者の語りの傾聴に22年も従事してきたのであるが,その事実はまた同時に,無数の語り直しの傾聴にも努めてきたことをも意味する。しかし,語る営みにおいては,事件・事故・出来事の被害者が,受動的に,ひたすら悲嘆・絶望・不条理感を語り伝えているようにみえて,実際には語り直しも同時進行的に行われていたのである。

　語りの変化には早くから気がついていたが,語り直すこと,つまり別の視点にたって,新たな意味づけまでして,まるで別のストーリーのように語り始める,人間の営みの意味するものについては,ナラティヴ・アプロー

チを学習することを通じて改めて深く学んだ点である。

　トーマス・アティッグは，早くから悲嘆（grief）あるいは死別（bereavement）と，悲しむこと（grieving）とを鋭く区別し，前者（悲嘆と死別）は受動的であるのに対して，後者の悲しむこと（grieving）は，悲嘆に能動的に対処する主体的行動と位置づけている。これによってすでに，悲嘆のストーリーは悲嘆に対処する能動的な「語り直す」という自覚的行為を包括していることになる（トーマス・アティッグ著『死別の悲しみに向きあう』平山正実解説，林大訳，1998，大月書店，38 頁）。

　また語り直しという営みのもつ積極性・能動性・主体性については，英語表記の場合，再著述する（re-authoring），書き直す（rewrite），人生再発見（life review）等の言葉に付す英語の"re"が，単に繰り返すのではなく，「再」とか「改める」とか，さらに「新しく」の意味を有する創造性を表現している点に注目したい。

　つまり，語り直しに際しては，従来とは違った視点，これまでの意味づけにはない別の意味にたった，過去を自省し未来へと向かう希望と結びついた語りになっているのである。その点について，こころを尽くして傾聴に努めたいものである。つまり傾聴する側も，同じ話だと決めつけることなく，新たな気持ちで傾聴に努める。すると語りの変化・語り方の変化に気づくことがある。

　もう一度，語り直しの意味を確認してみることにしよう。人が人生を振り返るときには，必ず，常に語り直している。ときには，無意識・無自覚に自分の人生を振り返っていることもある。歴史的な施設とか，あるいは伝説のようなものが語り伝えられる話は，必ず誰かがリ・ストーリングしているものである。一例をあげれば，「この歴史的建造物は〜であり，今日ならさしずめ〜に当たるものといえるでしょう」と表現する。

この語り直すという力が，過去の話をしていながら，未来を切り拓いていることになるわけである。古いものが生き残っているときは，必ず誰かが語り直している。そのとき，**人間の自覚的・能動的・自省的な能力**が生きて働いているといえる。そのうえ，言葉を武器とする言語文化がないと，それは機能しないわけで，言葉がもつ力，それを使って人間は，経験を語り直し，未来へと立ち向かおうとしている。古いものを古いままに伝えようという考えもあるが，そのためには，古いものの存在意味を，現代人に理解できるように語り直す作業が必要となる。

（2）語り直しのステップを考える

　少し長いストーリーになるが，F子さんの語る物語を紹介しながら，どこからどんなふうに語り直しになっているかを確認し，それによって，自責の念が強かった古い自己像から，どんなふうに新しい自己像を生み出しているかに注目してみたい。

　「私の夫は，5年前，自らいのちを絶ち他界しました。突然の悪夢のような現実を前に，身もこころも崩れ落ちてしまうような感覚に襲われました。そのとき，どんな慰めの言葉や励ましよりもこころの支えとなったのが，私の**背中にそっと添えられた手のひら**でした。今思えば，それは私が一番最初に受けたグリーフケアだったのかもしれません。けれども，それからしばらくは日常に戻れるわけもなく，無神経で無頓着な世間の現実にさらされ，ひとりで逝ってしまった夫を恨み，何も気づかずにいた自分を憎み，やがて，私が夫を殺したのだ，という自責の気持ちに陥りました。
　そんなこころを抱え，すがるようにして辿りついたのが「痛みの分か

ち合いの会」でした。そこには,あの日の手のひらのようなあたたかさがありました。それぞれの方の話を丁寧に受けとめ,ゆっくりとうなずく水野先生をはじめ,穏やかな表情で,見守ってくださる世話役の方々。そこにはありのままの気持ちをさらけ出せるという安堵感がありました。また,自らの痛みを抱え集まっている方々と,**互いのこころが溶け合うような感覚**も味わいました。その分かち合いにより,私の中で埋もれていた"小さな力"を掘り起こしてもらえたように思います。その後,夫の死に向き合う気持ちになれたのです。

　やがて**『彼は死にたかったわけではない。"飛びたかった"のではないか』**という考えが浮かんできました。世間では,自殺ということに対して『いのちを粗末にした』『生きることから逃げた』『生きたくても生きられない人がいるのに』という言葉が飛び交います。それは遺族にとってとても辛い言葉です。病死と自死との間に線を引いてほしくありません。自殺を肯定するわけではありませんが,自死した人も"生きる"ということを真剣に考えて,本当は誰よりも"生きたい"と思っていたのではないでしょうか。そして夫は考え抜いたすえに,希望に向って"飛んだ"つもりだったのではないかなと思ったのです。

　そんな夫に対し,次の世界に入ることを許された者として,その死を認めてあげなくてはいけないという思いに行きつきました。そして,夫を赦すことができました。もう自分を責めるのもやめようと誓いました。

　しかし,その後も,悲嘆の波は何度となく襲ってきました。死んでしまった人とは二度と会うことができないのだ,という現実に絶望もしました。けれど,夫の遺品からは死を匂わすような影は全く感じられず,それどころか,いのちの輝きのようなものが溢れていたのです。『身体は

なくしてしまったけれど，彼は生きているのではないか』という思いが湧きあがりました。そのとき，夫のたましいが，ふわりと私のもとに現れたのです。

それから，**たましい夫**との新しい生活が始まりました。彼はときどき虫に身体を借りて私の目の前に現れたりもします。あるときは，猫の身体に入り込み，夫の顔をした猫となって現れます。そんなときは，その身体を思い切り抱きしめることで，懐かしいぬくもりを肌で感じることができるのです。

そんな夫との生活は，今も続いています。私が旅立つ日には彼にエスコートしてもらいたいなと思っています。けれど，夫はたましいなので，いつかは私の元を離れ，新しいいのちとなって生まれ変わる日が来るのだろうという覚悟もできています。そして私は，そのときを喜びたいとも思っています。夫が，またこの世の者として生きてくれることが嬉しいのです。それに『もしかしたら，息子の子どもとして生まれてくるかもしれない』し，『いつの日か生まれ変わった私と，また結ばれるかもしれない』などと思いを膨らませています。

この大きな宇宙の中，縁あってつながっていくいのち。そんなことを考えていると，**死が怖いものではなく，暗いことでもなく，誕生と同じく尊いもの**に思えてくるのです。死別はとても辛く悲しい体験ですが，それによって様々な人と出会い，いろいろなことに気づき，希望に満ちた考えが生まれました。とはいえ，夫はまだ48歳でした。ふと見上げた宇宙に希望の扉をみつけてしまったのだと思いますが，それは次の世界への入り口です。そこはきっと素晴らしいところだとは思いますが，誰もがいつかは必ず入ることのできる世界です。

もしも今迷っている人がいるならば，必ず行ける次にある世界を夢見

ながら，せっかく生まれ落ちたこの世で苦痛や困難を伴いながらも，身体があるからこそできること，考えられること，感じられることをもっともっと味わってもらいたいと思います。これは，たましいになってしまった私の夫からのメッセージでもあります。

　そして，今の私はというと，グリーフケアの勉強と共に，分かち合いのお手伝いなどをさせていただきながら，永遠に続くいのちのためにたましいを磨きつつ，与えられた今日を生きています」

　ここに語られたストーリーには，すでに述べたナラティヴ・アプローチによるグリーフケアの多くの課題について，彼女なりの答えがみられる。そこが模範的資料として意味ある内容になっている。

　最初のステップでは，突然，身の上に起こった出来事を「悪夢のような現実」と表現し，「身もこころも崩れ落ちてしまうような感覚に襲われた」とする苦痛を味わった。そんなとき，慰めの言葉や励ましは役に立たず，「背中にそっと添えられた手のひら」のぬくもりが最初のグリーフケアになっていたと語っている。最初の分かち合いの場では，言葉ではなく，黙って傾聴に努めることであると教えてもいる。トラウマ状態の下にほとんど圧倒されてしまって身動きできず，もがき苦しんでいる状況が読み取れる。この状況下では，他者の助言など耳に入らず，かえって有害ですらある。ただ黙って手を握るか，背中に手を当てて一緒に苦しむしか他に方法はない。共感することが何より求められている。

　彼女の**第二のステップ**は，それは最初の状況と同時進行的なものと思われるが，「無神経で無頓着な世間の現実」と表現した「**社会の冷たい風**」あるいは「世間の常識」つまりディスコースという，厄介な目に見えぬ敵との戦いである。敵といっても，悪意ある言葉とか，物珍し気なまなざし

というものではなく，むしろ自己意識が投影された，無言の圧力とでもいえる，感覚としてのプレッシャーなのであろうか。そこから「ひとりで逝ってしまった夫を恨み，何も気づかずにいた自分を憎み，やがて，私が夫を殺したのだという自責の気持ちに陥りました」と，誰もが辿る自責の感情を表現している。この冷たい風をやり過ごしたり，耐え忍ぶコツは何か。そんな苦悩のすえに「痛みの分かち合い」と出会った。最初のステップと何が異なるかといえば，他者の助けを求めている，そのために外出する，世間の冷たい風を心身で受けとめながら，**見知らぬ人々の出会う場に赴く**という勇気が求められる点がある。

「痛みの分かち合いの会」では，その場にたまたま居合わせた筆者と，何年も従事してきたベテランの進行役スタッフが，大切な役割を担ったことになっている。穏やかな表情で黙って聞き役に徹すると，語り手は「ありのままの気持ちをさらけ出せるという安堵感」が生まれたというのである。同時に，他の参加者のこころと「溶け合うような感覚」も湧き出てきたというのである。分かち合いの素晴らしい使命が幸いにも果たされたことになる。こうして社会から孤立した状況から，社会に向けて確実に足が踏み出され，社会の中の居場所をみつけたことになる。そういう意味で，**第三のステップ**になる。

次の**第四のステップ**は，妻として，夫の死をどのように受容するか，あるいは突然あの世に去ってしまった夫をどう受け入れ，自分との折り合いをどうつけるか，という厄介な課題に直面することになった。ここで彼女は世間の常識である自死というものと，自分の夫の自死との間の違いに気づき，発見し，自分なりに意味を見いだすという切迫した回答を迫られる。それは誰もが辿るプロセスといってもよい。世間の支配的な見解では，人は自分独自の人生課題を乗り越えることはできないのである。自分が納得

して受け入れられる独自のストーリーができあがらない限り，彼女の人生は開けないといってもよい。臨床場面で一番大切な場面といってもよい。語り直しがここから開始される。

　これに対して，彼女が結論として持ち出したのは，夫は「ほんとうは誰よりも"生きたい"と思っていたのではないか」という点の理解と，だからこそ，「夫は考え抜いたすえに，希望に向って"飛んだ"つもりだったのではないかな」と思ったというユニークな描き方である。このユニークな描き方には，他の人には真似のできない独自性がみられる。夫を誰よりも深く理解し，愛していたから出てきた，ひとつの回答といえるであろう。そして，そこからはさらに豊かな物語になっている。夫はたましいとなって，彼女の生活の場に，あるときは虫になり，あるときは猫になったりして現れる。そして**宇宙の中で互いにつながって生きていける**，スピリチュアルないのちに開眼するのである。

　以上は，ひとつの語り直しを検討しながら，そのプロセスに段階的なステップを考えることができることを暗示しているといえるが，しかし段階構造といっても，他のすべての例に当てはまるようなものとは考えていない。実際に人が語り始めると，自由で開放的で，過去も現在も未来も混在しており，その間を自由に飛び交う様相がみられるために，構造化は困難であり，必要はないといえる。

　ただし語り直しのきっかけは，リ・メンバリングする会話であり，過去を回想する会話が登場したら，それまでとは異なった意味や視点にたつものかどうかを確認する必要がある。不明のときは，質問してみて確認することができる。

　たとえば，今の語りがはじめてなのかどうか，それがどういう意味を持っているのかを質問して，意味を深めていくという手続きが大事だと考える。

ある方の語るストーリーが，いつもとは違う，ちょっとした変化がみられたので，「それはこういう意味ですか」と踏み込んでみたら，語っている方が気がつかれ，「私，そんなふうな語りをしてたんだ」と驚く。「じゃあ，以前は違った語り方をしていたんですね」と確認をすると，あれから何年も経ってみて，別の心境に自分自身の足を踏み込んでいる，そのことに気がついたということであった。たとえていえば，日光国立公園が源流となる鬼怒川の流れに身を任せていたら，それと気づかぬうちに利根川に乗り入れていたようなものである。悲嘆という同じ流れの中にしがみつくのではなく，別の流れの中に身を置いみる，このような**流れの変化**に傾聴者が気がつかなければ，語り方に変化が生じ，知らぬ間に語り直しになっていたことなど，誰も気づかないことがよくある。

(3) 多様な語り直しの例

語り直しとは，語られるストーリーが繰り返し行われることによって，ある種の熟成したストーリーに発展したとき，視点および気持ちの変化，さらには，新たな意味発見が加わって，亡き人との関わり・自分の人生全体を展望する行為等のリ・メンバリングする会話によって導かれるもののようである。さらに，新たな意味の発見が加わると，新鮮でしかも**未来志向のストーリー**がもたらされる。以下に紹介する一文は，痛みの分かち合いの場に持ち出され，そのうえ水野治太郎編著『喪失を贈り物に変える——悲嘆回復の物語』(2012，久美出版) に提供されたものである。

「21年間育てさせてもらった間には，息子からいろいろ学びました。反省すべき事も多くあります。もっとたくさん手をつないであげればよかった。もっといっぱい抱きしめてあげればよかった。笑いのある家庭をつく

る努力をすればよかった。未熟な母親であることを申し訳なく思い，再び会えたら謝りたいです。そんな母に対して，最後の言葉として息子は『ありがとう』と書き残してくれました。(略) 息子の人生は短かったかもしれませんが，その人生を息子なりに精一杯生きたと私は思っています。そしてその事は私の心の中で，とても**大切な宝物**になっています。それを胸に抱いて，これからも息子と共に，ゆっくり生きていこうと思います」

　ここで語られるストーリーは，亡き息子に対する母の反省の声と，息子の人生を振り返って，よくやったと評価し，その思い出を宝物として，あるいは息子の贈り物として自分の未来にまで胸に抱いて運んでゆく，という語り方になっている。宝物という自己肯定感が，そこに生きて機能しているといえる。悲しい過去を再評価して，自分の未来につなげる語りが，語り直しのモデルといえる。
　次は，現実から飛翔して，未来に夢を馳せる語り直しのストーリーの例である。

　　「やっさんに会いたいなあ——，母さんがそちらに行ったら笑顔で迎えてね。そちらでは，ひとまわりもふたまわりも成長したあなたに会えるのを楽しみにしています。もしかしたら，お嫁さんや，やっさんそっくりな可愛い子どもまでいたりして——」

「やっさん」とは息子の愛称であるが，過去に拘泥することなく，未来へと夢を馳せてみると，死別という厳しい現実が異なった様相を帯びてみえるようになる。夢や希望が人間にとって，とても大きな力になり得ることを教えてもいる。

次は，息子の死の意味を考え，自分の課題を担おうとする倫理的意味づけの例である。

「これからは，君のような悩みや痛みをもつ人に寄り添い，その重荷を少しでも軽くしてあげるような，そんな人生を送ることが『意味』ではないかと感じている」

出来事の意味づけは，多次元にわたるものであって，ひとつの意味を手がかりにさらに変化し，広がりをみせるもののようである。
次は，故人との絆である。そしてときには，感覚として身近に居るものして感じることができる，という語り直しがある。

「ときどき夢に出てきてくれて幸せを感じたり，ふいに風が吹く中に気配を感じたり，不思議な感覚をもつときもありました」

愛する人を身近に感じる「スピリチュアルな力」こそが，**愛が呼び寄せる息吹**であり，信じる力と愛が合体して，実際に機能していることを教えている。亡き人への愛は，決して失われてはいない。

「その頃，母といて思い出されていた，高村光太郎が妻の智恵子に送った詩

あなたが黙って立ってゐると
まことに神の造りしものだ
時々内心驚くほど

あなたはだんだんきれいになる

　最後の日，母の顔に触れると呼吸が穏やかになっていき，しばらくして眠るように息を引き取った。まだ寒い初夏の夜，触れることができないような美しさが漂っていた」

　上のストーリーは，人が息を引き取る瞬間を美的に表現したものである。宗教的神秘感と美，つまり**神々しいばかりの美しさ**が，人の最期にみられる。生命の終焉は，残酷で酷いものではあるが，しかし，愛する人にとっては，ときに美しいものだと言い切ることもできる。美しい臨終，死という出来事の身近にいて，何かを感じる者にとって，そう表現できることを知るのは大変良いことである。筆者自身も父の臨終に立ち会い，死の瞬間に笑みを浮かべるように見えた，表情の激変に驚愕したものである。このように，体験を語り直すとは，なんと人間的な営みであるかということを教えているし，またその奥行きの深さや広がりについても教えられる点が多々ある。語り尽すことはできない無限の輝きが死にはみられる。

4　語り直しと人間的成長・成熟

(1) 喪失後の人間的成長
　喪失体験者の中には，愛する人の突然死を経験したり，犯罪被害者としていのちを喪ったり，事故によっていのちを落とすなど，その人の人生に激震が走るような経験をする人々がいる。痛みの分かち合いに出席しても，ただ激しく泣くだけで，また怒りをぶつけるだけで，衝撃からストー

リーなどを語る状況に至っていない，それ以前の状態の方々がおられる。それでも数年経過するうちに，それぞれが，特有のストーリーを語り始める。そしてさらにストーリーが成熟した内容に煮詰まってくると，喪失体験に意味づけが始まり，喪失の贈り物に気づかれ，新たな対人関係を築いて，それまで考えてもいなかったボランティア活動に従事されるようになる。喪失体験から脱して，明らかに回復志向の状況にいることが判る。

　今，長い経過を単純化して，喪失の苦しみから脱する経過を語ったのであるが，体験者が新しい活動を始めるころになると，それまでとは異なった意識や行動を起こされる。明らかに変化が認められる。この変化を「喪失後の人間的成長」(Posttraumatic Growth) と名づけ，活発な研究が行われている。英語の頭文字をとって，**PTG**の語で広く知られるに至った。筆者が15年ほど前にこのテーマに関心を持った当時と比較すると，喪失の悲嘆よりも回復志向に焦点を合わせた研究が広く関心を集めていることは確かなことである。インターネットでも多くの資料が検索可能となったことでも確認できる（長谷川啓三・若島孔文編『大震災からのこころの回復──リサーチ・シックスとPTG』2015，新曜社）。

　筆者自身の経験からも，こころに深い傷を受けていた方が，数年間のこころの闇を潜り抜けたあと，他者のこころの痛みを分かち合うスタッフとして，社会貢献活動に従事される姿を多数見てきた。喪失後に世界観・価値観を変えられ，自分の姿を文章化して他者の前にさらけ出したり，進んで公開の席で他者に体験を語るなど，また分かち合いの場で湯茶接待を黙って嬉々としてされるなど，人間的変化あるいは成長・成熟を感じさせる場面に遭遇することがある。

　米国のリチャード・G・テデスキとローレンス・カルホーンの二人は，この主題に関心を寄せ，多くの研究業績を発表しているために，日本でも

関心を寄せる人々が増えて，大地震・津波後の人間的成長をアンケート調査で研究している人々も増えている（リチャード・G・テデスキ，ローレンス・カルホーン著『心的外傷後成長ハンドブック』宅香菜子・清水研監訳，2014，医学書院）。なお，宅香菜子著『悲しみから人が成長するとき──PTG』（2014，風間書房）は上記の研究論文を要領よく紹介している。

また半面，彼らの研究が，喪失の意味を見いだすかどうかを重視しているために，批判も提出されている。つまり，すべての経験者が成長するわけではなく，大きな変化はなくても，社会適応を成し遂げている人もいる。また意味を見いだせなくても，成長が認められる事例もあり，意味を重要視する視点はかたよりがあるとみる意見もある。

まず「喪失後の人間的成長」の定義としては，「きわめて大きな困難をもたらす状況と格闘した結果，もたらされる肯定的な心理的変化のこと」とある。かなり大雑把な枠組みになっている。そして，研究者によって違いはあるが，三つくらいのモデルというか，尺度ともいえるキーワードを提示している。たとえば，喪失の意味を理解すること。利益と表現される内容。たとえば，家族と前よりも親しくなるとか，新しい人間関係を築くなどを含む。さらに洞察（力）の向上。その意味は自分の強さと弱さをよく知るなどの意味を指している。それはまたアイデンティティの変化，新しいアイデンティティを獲得するなどの意味となる（マーガレット・S・シュトレーベ他編著『死別体験──研究と介入の最前線』[森茂樹・森敏恵訳，2014，誠信書房]の第6章「目標を再定義する，自己を再定義する──喪失後の『トラウマ後成長』の吟味」参照）。

テデスキとカルホーンは，具体的な変化の目安としては，「自己についての感じ方の変化」「人間関係の変化」「実存的でスピリチュアルな変化」「成長」の四項目をあげているので，それをみてみよう。まず最初の「自己に

ついての感じ方の変化」では,

　「大きな喪失を経験した人は，その後，喪失に対してもろくなると感じるようになる傾向があるが，自分がより強く，より能力が高まったと考える程度も同時に増加しうるのである。もろくなったと感じることは，否定的な変化だと考えられており，ほとんどの場合，実際にそのように思える。（中略）もろくなっているという認識と密接に関連しうるのは，人生がはかない故に貴重なものだという感覚が強まることである。『私は，今，以前よりも，一日一日に感謝している。ただ生きていることだけで，私はとても幸福なのだ』という言葉は，重大な喪失を経験した人々によく見られる反応である」（ローレンス・カルホーン，リチャード・テデスキ著「トラウマ後の成長──喪失から学べる前向きなこと」，ロバート・A・ニーマイアー編『喪失と悲嘆の心理療法──構成主義からみた意味の探究』富田拓郎・菊池安希子監訳, 2007, 金剛出版, 131〜144頁）

　次の「人間関係の変化」については，「他人との一体感が強まり，共感性が深まり，他の人々と感情的に気持ちが通じる能力が上がる」。さらに同じ経験をした人に感情移入したり，苦しんでいる人に同情する感覚が強まること，利他的な行動をとる確率が高まるなどの点を指摘している。自己開示する能力についても，自分自身の経験について話したいという欲求が高まるなどの特徴をあげている。

　三つめの「実存的でスピリチュアルな変化」が最も注目すべき内容である。喪失が衝撃的で，理解不可能なケースに直面すると，人は「神に見放された苦しさ」を感じること，皮肉めいた態度が強くなること，宗教的な思い入れがなくなることもあれば，宗教的な信念が変化しないこともある。

「しかし，人によっては自分の世界観が危機に陥り，揺り動かされ，破壊されるものとして，喪失との苦闘を経験する。ところが，『今まで当然と考えていたことが崩れてしまった』を立て直す過程は，人生の意義についての理解を高めるものとなる。大きな喪失に対処している人々は根本的な実存的疑問に直面することを強いられると，『実存的な気づき』が高まっていく。そして，この実存的な気づきは，少なくともアメリカやカナダの多くの人にとって，スピリチュアルまたは宗教的な生活への傾倒をもたらす。……喪失後の人生は，これに対処し，適応しようと苦しみもがく中で，人生には価値があり，目的があるという新しい感覚，あるいは**再生された感覚**を経験するものになる可能性がある」

最後の「成長」に関しては，喪失の大きさとか，個人差とか，性別，年齢，適応と健康の関係，成長のプロセス等に関する，問題提起を含んだ内容となっている。

要するに，喪失の悲嘆だけに留意してきた従来の研究と支援方法に対して，回復志向の問題に意識を向ける研究や支援方法に焦点を合わせているといえる。筆者は，これらの影響を受けて，『喪失を贈り物に変える――悲嘆回復の物語』（2012，久美出版）を刊行して，喪失という現実が故人からの贈り物に気づくプロセスであることを強調した。しかし，これらの研究はまだ端緒についたばかりであり，今後の研究に期待するところ大である。

筆者は家族の悲劇的な喪失後に，死に至らしめた原因となった犯罪行動の主体者を赦したり，当会の活動のひとつ，他者のこころの痛みに向き合おうと積極的に行動されるなどの社会貢献活動を起こされた人々を大勢見てきた。

喪失体験は，その人の人間性あるいはアイデンティティに激震が走るの

であるから，変化を及ぼすことは間違いないように考える。筆者の個人的経験からも，体験者は以前よりも物静かになり，はしゃいだりはしなくなった。臆病になった。人込みを避けるようになった。人間関係が疎遠になった等の半面において，他者の痛みに関心を寄せ，ボランティア活動に専念する。自然をこよなく愛する。何気ない些細なことを気に留めるようになった等のことが傾聴から理解できるようになった。また亡き人との絆を強く感じ取るようになったことは大きな収穫として挙げられる。それはまたスピリチュアルな感覚，**霊性の目覚め**といってもよい。一部は**宇宙感覚とも宗教意識**ともつながる面があるといってよいであろう。ということは，喪失は宗教意識を覚醒させる好機となることは間違いがない。ただそのために新興宗教等のあやしげな活動家が，こころの隙間にそっと寄り添おうとするのは，困ったものであると感じることがある。心理的に不安定な人々を少しの期間見守る公的仕組みが必要だといえる。車を運転する人への注意も必要である。人は集中力を失っていると，思わぬ事故に見舞われたりすることがあるので，喪失体験直後の運転は，誰かに付き添ってもらうことをお勧めしている。

(2) 臨床人間学の視点

本書の終わりに，第1章でも言及したのであるが，筆者が長く考えてきた臨床人間学について再度述べることをお許しいただきたい。筆者は，早くからケアの理論に関心を寄せてきた。今日では，ケア学あるいはケア哲学，さらにはケア倫理学として，医療・看護・福祉・教育・心理等の実践的専門領域に限定されることなく，ケアの営みを人間の基本的営みとして広い視野から考察されるようになった。筆者が刊行した『ケアの人間学』（ゆみる出版）は，まだそのような議論がなされていない時代，1991年の出

版であり，その連続したものとして，1996年に刊行した『弱さにふれる教育』（ゆみる出版）がある。共に臨床人間学の基礎づくりに，ささやかな貢献をしてきたつもりである。

　筆者の考える「臨床人間学」は，心身の苦しみ・痛みをもち，あるいは挫折体験などによって，弱さを他者の前にさらけ出している人，すなわち「病み苦しむ人」（ホモ・パティエンス，homo patiens）に，畏敬の念をもちながら近づき，その語りに注目し，語り直す作業を支援しながらも，喪失を通じて得たものを，人間的成長・成熟と結びつけるという，人間の基本的営みを主たる主題として取り組む学問だと考えてきた。そして，その役割を担う支援者自身も，他者への傾聴と支援を通じて，自己自身が人として磨かれることはいうまでもない。人は他者の支援を通じて自己自身へと成長してゆくものといえる。

　臨床人間学では，人として長い人生を生きるうえで病むこと・老いること・挫折・失敗・喪失・死を避けられない問題として認識する。そういう意味では，人は苦しみを受ける生身の人間であるがゆえに，受苦体験から得たものから何かを学びとる存在だといえる。すなわち受苦を意味あるものとして語り直すことができる。語り直すことで，経験を内面化してゆく。それによって未来に備えようとする。

　たとえば，病人は，日常生活から脱落したようにみえながら，その実，多くのことを学び，かえって人間として望ましい生き方に目覚め，社会に再適応しようとする。支援者は受苦的人間と人生を共に歩み，受苦体験からどのような意味をくみ取るか，そのかたわらに控えながら，「**人生の倫理的証人**」の役割を担っているともいえる。「倫理的」とは，アイデンティティのうえで，あるいは行動面で，さらには対人関係で，従来とは異なる，より高い善という価値に向かって質的変化をもたらすことを，包括的にそ

う呼んでおきたい（アーサー・クラインマン『病いの語り──慢性の病いをめぐる臨床人類学』江口重幸・五木田紳・上野豪志訳，1996，誠信書房，111頁および326頁参照）。

　以上の視点にたって，筆者の実践を通じて得たものをまとめとして紹介したい。すでに幾度も使っているように，筆者は「喪失後の人間的成長」とはいわないで「喪失後の人間的成長・成熟」と表現している。その理由は，喪失体験者は，たとえどのような社会貢献活動をして積極的に社会に適応しているようにみえても，実は内面的に，生きることの不確かさ，壊れやすいいのち，はかないいのちをよくわきまえている感じがするからである。また謙虚さ・傷つきやすさ・もろさを合わせもっていることも感じている。大勢の人が集まり混雑する場所を避けたり，目立つことを避けたり，喪失体験前とは異なって，引っ込み思案になり，後ろ向きといえる内気の姿勢を身につけてしまう。体験者自身のアイデンティティすべての領域で変化が起きるのではなく，行動面と思索の面で，奥深さが目立つのである。

　以上は表面上のスケッチでしかないが，ときにドキリとする鋭い問題意識や批判を受けることがある。傷つきやすさは，思慮深さとつながっているのである。このような複雑さを「成長」の語で呼ぶには，一面的なような気がする。むしろ「成熟」あるいは「円熟」と呼んだほうが適当だと考えている。英語では，成長の"growth"は数量的増大も意味しており，成熟あるいは円熟は共に"maturity"で，このほうが人間を図る尺度として適切ではないかと考える。

(3) グリーフケア従事者として得るもの

　終わりに当たって，喪失体験者だけではなしに，支援する側の傾聴者が傾聴することで何を得るのかについて，日ごろ考えていることを述べてお

きたい。

　喪失後に苦悩する人に寄り添うことで，たとえば，犯罪被害者や事故被害者に寄り添うことで，生きることの恐怖心・警戒心・猜疑心を抱くこともある。しかし，他方では，寄り添うことでみえてくる，こころの底から湧き上がる感動・気高さといった力強さ，さらに苦悩のすえに達する深い英知・神慮とでも表現できる，スピリチュアルな働きにふれることができたことに，感謝することがたびたびある。そうした感動が，自らの人生に良い方向で作用することはいうまでもない。他者の悲嘆・苦悩に寄り添うことは，謙虚で真摯な姿勢がたえず求められる。神経を遣い，疲労感を味わうこともあるであろう。それは初期段階であって，その苦労が報いられたと感じることがある。

　筆者は，長期にわたって他者の喪失に寄り添い，他者のために長時間を喪失したわけであるが，失ったものは何ひとつないといっても過言ではない。むしろ自己の経験・知識が生かされ，活用され，他者の喜びに奉仕させてもらえたことは，とても大きな喜びであった。人間として生きる深い感動を，他者と共に共有したいと念じ，グリーフケアに多くの人が関心を寄せてくださり，少しでも人生の喜びを感じてくだされば，誠に幸いである。

参考：グリーフケアの使命を担う受講生の感想

　ここでは，読者の便宜を図る意味で，臨床心理士の生田かおる講師と一緒に担当してきた麗澤大学での社会人対象のオープンカレッジ授業科目「グリーフカウンセリング講座」（初級・中級・上級コース）の受講生感想文を掲げることにした。最初の方は，宮城県石巻市から受講のために毎回遠距離通学された木村直隆氏である。二番目の方は，徳永幸子氏で，こちらはグリーフケア従事者として，はじめて現場に身を置くことになった初体験の心模様を語っておられる。ご参考になれば幸いである。

「ナラティヴ・アプローチによるグリーフカウンセリング講座を受講して」

宮城県石巻市　木村直隆

　私が生まれ育った宮城県石巻市は，2011年3月11日に起きた東日本大震災で多くの犠牲者が出ました。自然災害という不条理な状況で，大切な方を突然亡くされた衝撃は計り知れません。自宅から車で約20分の所にある大川小学校では児童74名，教職員10名が犠牲になりました。その惨劇を目の当たりにして「わが子を突然亡くした親の気持ち」が生々しく胸に突き刺さる想いがしました。そして自分に何かできることはないかと考え，「東日本大震災で亡くなられたお子さんの自分史を作りませんか」という活動を始めました。お写真とお子さんへのお手紙などをお預かりしてDVDを制作してお届けしていました。ご自宅に訪問させていただくこともあり，お線香をあげさせていただいた後に，お子さんとの思い出などを聞く機会がありました。その際に「私自身の話の聴き方や声のかけ方で，ご家

族を傷つけてしまうんじゃないか」という思いから，関わることに怖さを感じてしまいました。そのとき相談させていただいたのが，仙台グリーフケア研究会長の滑川明男先生です。水野先生との出会いも，仙台グリーフケア研究会に参加させていただいたことがきっかけでした。

　水野先生が執筆された『喪失を贈り物に変える』を拝読させていただいたとき，「大切な人を亡くして，本当にそんな気持ちになれるのだろうか」と失礼ながら思ってしまいました。今回，水野先生の講座を受講させていただき，喪失が贈り物に変わる一端を学ばせていただいたように感じています。そして，あらためてグリーフケアに関わる一人として「語ること」「聴くこと」の大切さを実感することができたと思っています。喪失を体験した方の語りを「**人生の師**」として，また，「**聴かせて（学ばせて）いただく**」という両者の関係性で迎えること，喪失体験という圧倒的で絶対的な人生経験であっても，その語りは悲しみ，苦しみだけではなく，多様であるということ，そしてその多様な物語を紡ぎだすことが，どんな喪失体験にも存在するということを感じながら，相手の語りに寄り添うことが聴き手には求められると思います。

　講義の中で「楽しい話を傾聴することは健康に良いが，悲嘆の語りを傾聴することは人間の本性に反するし，自分の健康を害する事になる」という世間の常識について，「どう理解し反応するか」のグループワークをする機会がありました。私も妙に納得する問いに，原点に立ち返って自分自身のグリーフケアに対する価値観を見つめ直すことができました。悲嘆の語りに寄り添うことで，人間の本質としての学びを得ることができ，人間的成長への手がかりを語り手・聴き手ともに探求し，学び得ることができると思います。そして，失うということは同時に何かを得ている，ということを知る機会にもなり得る可能性を，あわせもつことを学びました。

「人は何かを失って初めて感じるものがある。何かを失うことは，新しいものに出会えることでもある」（水野治太郎編著『喪失を贈り物に変える』2012, 久美出版, 166頁）

　今回，水野先生，生田かおる先生の講座を受講させていただき，自分自身のグリーフについても語り直すきっかけとなりました。震災から5年9カ月が経ち，復興が進む中，仮設住宅から災害公営住宅，代替地への移転など徐々に日常生活を取り戻しつつあります。再建が進むにつれ，「個人」としての自分の人生の再構成が進むように感じます。そのときにこそ悲しみに寄り添うグリーフケアの関わりが，人生の再構成に踏み出す勇気と安心感を育てるのではないかと考えています。グリーフケアがもっと身近な存在として，必要な人が，必要なときに，いつでもつながることができる，そんな社会になればいいなと感じています。その一助になれるように，これからも精進していきたいと思います。

　「臨床の場にこそ本質的な学びがある」と，水野先生から教えられました。この言葉を常に意識して，謙虚にグリーフケアの現場で人々に寄り添ってまいります。水野先生，生田先生ご指導ありがとうございました。

「グリーフケア従事者としての初体験の"こころ模様"」

東京都　徳永幸子

　当日のスタッフは男性1名，女性3名。部屋の大きさは14畳ほど。来てくださる方の気持ちが少しでも和らいだものになることを願い，入口にユーモラスな顔のぬいぐるみと，看板をセッティング。もちろん温かい飲み物とお菓子などの準備も行います。

参加される方の事前情報をスタッフで共有し，対応について確認する。飛び入り参加の方がいれば，また対応を考える。ファシリテーターと受付担当者が定位置に着きオープン。ここまで約1時間経過。
　ここで問題です。初めて参加される方の質問で私たちが一番多く受ける質問は何でしょうか？
　答えは「こういうボランティアの経験はどれくらいされていますか？」という質問です。たしかに，誰にも話せない苦しみ，痛みを，今日会ったばかりの人に話せません。この質問をする人の気持ちになれば，当然のことだと理解しました。この人には何を話しても大丈夫なのか，信用できる相手なのかと不安があるのでしょう。ですから，スタッフ側の自己紹介というか，自己開示も必要になります。「ここは安全な場所です。ここで話したことは，よそで口外しません」と言っても信頼関係の結ばれないうちは，参加者の口も重く，ただ参加理由を語るだけになりがちです。家族でもない，友人でもない　私たちスタッフがどのような気持ちで参加者との出会いを持てばいいのか。まず，参加者自身が**自分の人生課題をどう感じ取って生きているのか**，そんな心的状況を表現することが求められていると感じました。
　「今の私はドーナツの真ん中みたいにぽっかり穴があいている感じ」という参加者がいたら，自分の先入観は何も持たずに，ひたすらその人が放った「ドーナツの穴みたい」という感情に，自分のこころを持ってきて寄り添う，そういう姿勢で臨みます。
　しかし，参加者への寄り添いの成り立たなくなることが，ときどき起こります。「"話し出したら止まらない"さん！」の出現です。話したいことが泉のように，こんこんとわいてくる参加者Aさん，退屈だなあとのびを始めた参加者Bさん，舟をこぎだす参加者Cさん。語りに寄り添う姿勢はど

こかに飛んでいってしまい，いつ話を止めようか，どうして切り替えるのか，今か，今かと，隙を狙うような気持ちになってしまいます。

　また，逆の場合もあります。参加者が黙られてしまい，場がシーンとしたときです。新たな質問をしようか，いや，この間は大切にすべき間なのかもしれない。「黙って見守る，この状況を受け入れることが必要だ」って水野教授が以前，言っていたし……。しかしグループ方式での場合，1対1のときと異なり，長い沈黙はとてもしんどく，「言いたくなければ言わなくていいんですよ」と，会話のキャッチボールの返球を待たずに，通過させてしまうこともたびたびです。ああ，寄り添いの精神はどこへ消えたんだ！と，自分の未熟さに溜息が出ます。

　参加者の顔ぶれに慣れを感じ，同じ語りを幾度も重ねていると，何か新しいこと，何か新しい発見につながる質問をしてみたいという気持ちが，ムクムクと湧き上がってきます。

　ストーリーを豊かにするために，視点を変えるよう仕向けるために，教えられてきた外在化の質問に挑戦してみよう……と思い，語りの中にキーワードを探します。

　外在化する会話の講義は何回も聴いたし，ワークもやった，だからできるはず，探せるはず……，それがなかなかうまくいかない。で，どうするかというと，参加者が帰宅された後に反省と練習です。

　参加者のなかには，話し足りない方もいらっしゃるので，集い終了後が個別の寄り添い時間になり，夕方，かなりぐったりして電車の座席に座るというか，沈み込む感じでの帰宅となります。

　「私ね，毎朝起きるといつも泣いていたの。ここで話した次の日ね，目が覚めたら，まわりがパーッと明るかったのよ！」と参加者の女性が言って

くれました。嬉しかった，本当に嬉しい言葉でした。
　こころのうちに宿した言葉を聞かせてもらえるだけでなく，喜びまでも与えてもらえるのです。傾聴は難しいけれど，やめられないなあと思う，今日この頃です。

グリーフケア参考文献（構成主義・ナラティヴ中心）

● **本書引用文献（引用順）**

第1章

森岡正芳編『ナラティヴと心理療法』2008, 金剛出版

トーマス・アティッグ著『死別の悲しみに向きあう』平山正実解説, 林大訳, 1998, 大月書店

カール・ベッカー編著『愛する者は死なない——東洋の知恵に学ぶ癒し』駒田安紀監訳, 2015, 晃洋書房

森岡正芳編著『臨床ナラティヴアプローチ』2015, ミネルヴァ書房

マイケル・ホワイト著『ナラティヴ実践地図』小森康永・奥野光訳, 2009, 金剛出版

ロバート・A・ニーマイアー編『喪失と悲嘆の心理療法——構成主義から見た意味の探究』富田拓郎・菊池安希子監訳, 2007, 金剛出版

皆藤章編・監訳, アーサー・クラインマン, 江口重幸, 皆藤章著『ケアすることの意味——病む人とともに在ることの心理学と医療人類学』2015, 誠信書房

中村雄二郎著『臨床の知とは何か』1992, 岩波新書

マーガレット・S・シュトレーベ他編者『死別体験——研究と介入の最前線』森茂樹・森敏恵訳, 2014, 誠信書房

水野治太郎編『ほも・ぱちえんす——〈死別の悲嘆〉——共に分かち合う営み』2004, 千葉県東葛地区「生と死を考える会」10年の歩み

マーク・フリーマン著『後知恵——過去を振り返ることの希望と危うさ』鈴木聡志訳, 2014, 新曜社

クリスチャン・キーザーズ著『共感脳——ミラーニューロンの発見と人間本性理解の転換』(The Empathic Brain) 立木教夫・望月文明訳, 2016, 麗澤大学出版会

第2章

国重浩一著『ナラティヴ・セラピーの会話術——ディスコースとエイジェンシーという視点』2013, 金子書房

ドナ・シャーマン「子どもへの『死の教育』——子どもたちが教えてくれるいのちの教育」［水野治太郎・日野原重明・アルフォンス・デーケン編著『おとなのなのいのちの教育』2006, 河出書房新社所収］

小森康永, H・M・チョチノフ著『ディグニティセラピーのすすめ』2011, 金剛出版

第3章

マイケル・ホワイト著『ナラティヴ実践地図』小森康永・奥野光訳, 2009, 金剛出版

K・J・ガーゲン著『社会構成主義の理論と実践』永田素彦・深尾誠訳, 2004, ナカニシヤ出版

竹内整一著『「おのずから」と「みずから」——日本思想の基層』2004, 春秋社

ジョン・マクレオッド著『物語りとしての心理療法——ナラティヴ・セラピィの魅力』(下山晴彦監訳, 野村晴夫訳, 2007, 誠信書房
ロレイン・ヘツキ, ジョン・ウインスレイド著『人生のリ・メンバリング——死にゆく人と遺される人との会話』小森康永・石井千賀子・奥野光訳, 2005, 金剛出版

第4章

マイケル・ホワイト著『ナラティヴ実践地図』小森康永・奥野光訳, 2009, 金剛出版
水野治太郎編著『喪失を贈り物に変える——悲嘆回復の物語』2012, 久美出版
ショーナ・ラッセル, マギー・ケアリー編『ナラティヴ・セラピー——みんなのＱ＆Ａ』小森康永・奥野光訳, 2006, 金剛出版
林董一著『名古屋 城山にて』2016, 風媒社
国重浩一著『ナラティヴ・セラピーの会話術——ディスコースとエイジェンシーという視点』2013, 金子書房

第5章

国重浩一著『ナラティヴ・セラピーの会話術——ディスコースとエイジェンシーという視点』2013, 金子書房
カール・ベッカー編著『愛する者は死なない——東洋の知恵に学ぶ癒し』駒田安紀監訳, 2015, 晃洋書房
ロレイン・ヘツキ, ジョン・ウインスレイド著『人生のリ・メンバリング——死にゆく人と遺される人との会話』小森康永・石井千賀子・奥野光訳, 2005, 金剛出版
トーマス・アティッグ著『死別の悲しみに向きあう』平山正実解説, 林大訳, 1998, 大月書店
水野治太郎編著『喪失を贈り物に変える——悲嘆回復の物語』2012, 久美出版
長谷川啓三・若島孔文編『大震災からのこころの回復——リサーチ・シックスとＰＴＧ』2015, 新曜社
リチャード・Ｇ・テデスキ, ローレンス・カルホーン著『心的外傷後成長ハンドブック』宅香菜子・清水研監訳, 2014, 医学書院
宅香菜子著『悲しみから人が成長するとき——ＰＴＧ』2014, 風間書房
マーガレット・Ｓ・シュトレーベ他編者『死別体験——研究と介入の最前線』森茂樹・森敏恵訳, 2014, 誠信書房
ロバート・Ａ・ニーマイアー編『喪失と悲嘆の心理療法——構成主義からみた意味の探究』富田拓郎・菊池安希子監訳, 2007, 金剛出版
水野治太郎著『ケアの人間学——成熟社会がひらく地平』1991, ゆみる出版
水野治太郎著『弱さにふれる教育』1996, ゆみる出版

アーサー・クラインマン著『病いの語り――慢性の病いをめぐる臨床人類学』江口重幸・五木田紳・上野豪志訳, 1996, 誠信書房

● **その他の参考文献**（著者名50音順）
J・W・ウオーデン著『悲嘆カウンセリング』山本力監訳, 2011, 誠信書房
浮ケ谷幸代編『苦悩とケアの人類学――サファリングは創造性の源泉になりうるか?』2015, 世界思想社
K・J・ガーゲン著『あなたへの社会構成主義』東村知子訳, 2004, ナカニシヤ出版
高木慶子編著『グリーフケア入門』2012, 勁草書房
Lynne Ann DeSpelder & Albert Lee Strickland　2015　*The last dance :Encountering death and dying.* McGraw-Hill Education. ＊第10版第9章「遺族のための喪失体験の理解」は, 新しい資料や研究動向を要領よく説明していて, グリーフ理解と研究について, 初心者の良き案内図の役割を果たしている。
ロバート・A・ニーメヤー著『〈大切なもの〉を失ったあなたに』鈴木剛子訳, 2006, 春秋社
野口裕二著『物語としてのケア――ナラティヴ・アプローチの世界へ』2002, 医学書院
野口裕二著『ナラティヴの臨床社会学』2005, 勁草書房
野口裕二著『ナラティヴ・アプローチ』2009, 勁草書房
マイケル・ホワイト著『ナラティヴ・プラクティス――会話を続けよう』小森康永・奥野光訳, 2012, 金剛出版
S・マディガン著『ナラティヴ・セラピストになる――人生の物語を語る権利をもつのは誰か?』児島達美・国重浩一・バーナード紫・坂本真佐哉監訳, 2015, 北大路書房
水野治太郎著『ナラティヴによるグリーフケアのためのグリーフカウンセリング――人生再学習読本』(付・ワークショップ編：生田かおる), 2015, NPO法人千葉県とうかつ「生と死を考える会」出版
ジェラルド・モンク, ジョン・ウインスレイド他著『ナラテティヴ・アプローチの理論から実践まで――希望を掘りあてる考古学』2008, 北大路書房
やまだようこ著作集第8巻『喪失の語り』2007, 新曜社

グリーフケア参考文献

付 ワークショップ編

ナラティヴ・アプローチ実践のためのエッセンスを学ぶ

当事者の苦しさや辛さがどのように構成されるのかを理解する

臨床心理士
生田かおる

ワークショップ編のねらい

　喪失を経験された方々を支えるケアは，これまで共感と傾聴が主たるものであった。共感により苦痛を乗り越えていくこと，喪失した人やものへ「さようなら」を告げることが求められてきた。喪失後に現れる身体とこころの反応も半年以上続くと，診断名がつけられ，治療の対象になる。喪失経験者に元どおりの生活パターンに戻ることを求め，援助するのがこれまでのケアであった。元どおりのパターンに戻れない人にとっては，そこでのケアは当事者の生活を制限するもの，苦痛になる。

　本書の著者・水野は，コミュニティにて多様な喪失反応に対応する中で，ナラティヴ・アプローチにたどり着いた。喪失した人やものについての多様な語りが可能な場で，当事者が自己を語ること，他者の語りを聞くことで，これまでみえなかった現実が立ち上がってくる実践を報告している。

現在，ナラティヴ・アプローチには，3つの流れがある。ホワイト（White & Epston, 1990）らは「問題のしみ込んだストーリー」に組み込まれていない出来事から新たなナラティヴが引き出されるとしている。話し手と聴き手との相互作用にてナラティヴが構成されるとするアンダーソン，グーリシャン（Anderson & Goolishian, 1988）の流れは，「何も知らないので教えてください」という姿勢を大切にする。アンデルセン（Andersen, 1991）らは，専門家同士の話し合いをクライエントが観察することで，新たなナラティヴが引き出される実践を報告している。アンデルセンの実践は，近年，注目されているオープンダイアローグにつながる。
　矢原（2016）の解説に基づき，ホワイトらの実践は，言説に影響を受けたストーリーを脱構築することを志向するものであり，アンダーソン，アンデルセンらのアプローチは対話を大切にする実践である，と筆者は理解している。
　本ワークショップ編は，3つの流れを踏まえ，グリーフケアにおいて，初めてナラティヴ・アプローチを実践する方々を対象に，言説，名付け，対話をキーワードにナラティヴ・アプローチの基本が理解できるように構成されている。なお，本編では，言説を世の「当たり前」や「当然のこと」として捉え，以下のワークでは「当たり前」という言葉を用いている。

ワーク1　ナラティヴ的傾聴と質問

ねらい

　ナラティヴ・アプローチの基本姿勢である「あなたの経験について何も知らないので教えてください」「あなたの生きている世界をもっと知りたい」という聴き方を理解すること。

　ご自分が子どもだった頃，大切にしていた小物をひとつ思い出す。目に見えるもの，形があるものを思い出す。どんな形だったのか。どんな色だったのか。今はどこにあるのか。そのものが浮かんできたら，ノートにその絵を描く。描けるところだけで構わない。

　二人ずつのペアをつくり，ご自分が描いたものを相手に示す。そして，それが何なのかを相手に教える。5分位で役割を交替する。

＊本ワークは，野村直樹著『ナラティヴ・時間・コミュニケーション』(2010, 遠見書房) にて紹介されているエクササイズを参考に作成した。

- 相手が示してくれるものについて何も知らないとき，どんなふうに話を聴いたか。もっと知りたいとき，どうしたのか。

> 解説

　本ワークを実施すると、「好奇心を持って、相手の話を聴きました」「耳をすまして相手の話を聴きました」「一生懸命聴きました」というフィードバックが多くのペアから聞かれる。相手が自分の説明に身を乗り出して「へぇ〜」とうなずきながら聴いてくれたので、話すつもりのないことまで話してしまいました、というフィードバックも聞かれる。もっと知りたくなり、「ここはどうなっているのですか」と多くの方が相手に質問する。小物について何も知らないので、もっと知りたい、もっと理解したいと会話が進んでいく。小物についておおよそのイメージができあがってくるものの、なお確認したくなり、質問がわいてくるという。聴き手の好奇心が質問をつくり、その質問に答えることで、話し手は描かれた小物をありありと語り、小物にまつわるエピソードを思い出すこともある。小物に関する聴き手と話し手の相互作用で会話は進んでいく。

　相手が言っていることをよく聴き、もっと知りたいから質問し、「教えてもらう」という姿勢（Anderson & Goolishian, 1992）がナラティヴ的傾聴と質問の基本である。そこでの質問は、聴き手の理論や方法論に基づく情報収集ではない。参照できる知識や過去の経験があることに関して、私たちは「教えてもらう」ことなく、相手を理解したつもりになることがある。それは、自分だけの理解にとどまっている状態である。相手が経験していること、理解していることは教えてもらわないとわからない。

注：喪失を経験された方が、喪失反応や対処法を学ぶことは、適応のために必要である。本節は、そうした学びを否定するものではない。そうした知識で、相手を理解したつもりになることがあることを伝えている。

　「お辛いですね」と気持ちを受容し、共感することで終わりにするのではなく、相手がどういう辛さを経験しているのかを丁寧に教えてもらう。ど

んなやりとりが繰り返され，辛さが形づくられてきたのかを，話し手と聴き手とが協働して探索するのがナラティヴ・アプローチである。聴き手の姿勢が探索を方向づける。

ナラティヴ・アプローチは，現実は人々の間で言語をとおして構成される，という社会構成主義の考えに依拠している。多くの人が世間の「当たり前」に影響を受けており，その「当たり前」は日常会話にも反映される。「当たり前」ができないと，世間はそれが問題だといい，当事者もそれが問題であると捉え，問題が構成される。

グリーフや喪失にまつわる「当たり前」にはどんなものがあり，日常会話ではどのように現れるのか。以下のワークをとおして考える。

ワーク2　グリーフや喪失を経験した人にかける「当たり前」の言葉を探る

ねらい

グリーフや喪失にまつわる日常会話の中で世間の「当たり前」がどのような言葉で表現されるかを探り，それが当事者に与える影響を考えること。

❶夫のいない生活に慣れない母親

話し手は，ご主人をがんで亡くし1年が経過。小学生と幼稚園に通う男の子2人の母親である。何をしていても楽しくなく，家にこもりがちで，テレビをつけ放しで，ぼーっとしている生活を送っている。近くのスーパーで，PTAの活動をご一緒していたお母さんにばったり会い，図1のような会話になった。

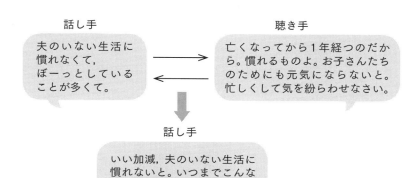

図1 話し手と聴き手の協働作業

- 話し手の言葉から感じられる「当たり前」は何だと考えるか。

- 聴き手の言葉から感じられる「当たり前」は何だと考えるか。

解説

　話し手は，時間の経過とともに，夫のいない生活に慣れ，以前と同じように家事をして，子どもの世話ができる自分になることが「当たり前」であると考えている。ぼーっとしている自分を受け入れることができない状

態である。また，ぼーっとしているうちに一日が終わったという繰り返しの日々で，自分を責めている。

　ぼーっとしているという語りに対して，聴き手は，ぼーっとしている時間にも期限があること，多くの人が慣れるものであるという情報，ぼーっとしないための方法を提示している。提示されたのは，世間で「当たり前」にかけられる言葉である。多くの場合，聴き手は，「当たり前」で対応する。「当たり前」の枠組みを確認しあうことから生まれるのは，「当たり前」の強化である。話し手は，ぼーっとしている自分を責め，ますます自分のことをダメだ，と思うようになる。同じような「当たり前」を何人かにいわれることで，「ダメな自分」が大きくなる。そして，自分のことを「ダメな自分」と名付ける。

　MRI（メンタル・リサーチ・インスティチュート）のコミュニケーション公理（Watzlawick et al., 1967）では，話し手が情報を伝えると，聴き手は，その情報を話し手の要求と受け取り，何かしなければならない状況をつくると説明している。たとえば，帰宅して「あ〜，喉がかわいた」という情報を伝えているだけなのに，それを聞いた家の人が麦茶を用意してくれるのは，その情報を要求と受け取っているからである。本ワークにおいても，話し手の情報に対して，聴き手は何かしなければならない状況になり，「当たり前」で対応していると考えられる。

❷グリーフや喪失を経験した人にかける「当たり前」の言葉を探る

　以下の各場面で，「当たり前」にかける言葉を考える。

1. 40代で亡くなったご主人の三回忌で，親戚の奥様にどんな言葉をかけるのかを考える。

2. 流産を経験した弟の嫁（30代）にどんな言葉をかけるのかを考える。

3. 「乳がんがみつかったんです」と不安そうに話す子ども（幼稚園児）の友人のお母さんにどんな言葉をかけるのかを考える。

4. 親御さんが長寿をまっとうし亡くなったご近所のご家族にどんな言葉をかけるのかを考える。

5. お子さんをがんで亡くされた友人にどんな言葉をかけるのかを考える。

> 解説

　1　グリーフ後の時間の流れは，当事者により異なるが，法事等では「早いですね」と言葉をかける人が多い。「早いですね」には時間の経過により，元どおりの生活を送っているのであろう，の意味も込められており，グリーフは時間が解決するのだとの「当たり前」が推察される。

　2　「残念だったけど，次があるから」「また恵まれるから大丈夫よ」との励ましの言葉をかける人が多く，グリーフには励ましが有効だとの「当たり前」が推察される。加えて，次の機会があるときは当事者のグリーフが小さくなるであろうとの「当たり前」もみえる。

　3　「今は医学が進歩しているから大丈夫よ」「私の姉も手術をして元気になったから」等の言葉かけをする人が多く，ポジティヴな情報提示がグリーフには有効であるとの「当たり前」が推察される。

　4　「大往生でしたね」との言葉かけをする人が多く，長生きした人へのグリーフは小さいとの「当たり前」がうかがえる。

　5　「天使になられたのですね」「神様に好かれたのですね」等，子どもの死の異なる意味づけを提示する言葉かけが聞かれ，子どもを喪うという抱えきれないグリーフに対する社会の知恵が「当たり前」の言葉にみられる。
　一方，お子さんの話をすると相手は辛くなるのではないかと考え，言葉かけを控える人，どんな言葉かけをしてよいかわからず，ふれないという人もいることがうかがえた。

長寿をまっとうされた方には，立派な一生を過ごし，幸せな死を迎えました，と多くの人がいう。一方，自死や事故死や病死には不幸な死というレッテルを多くの人がはる。長寿をまっとうするのは順当な死であり，それ以外は順当ではないという「当たり前」がうかがえる。自ら命を絶つのはいけないことだ，という世間の「当たり前」があり，自死遺族を苦しめることになる。

　どんな場合でも，家族の死というものは遺された家族にとって衝撃的な出来事だが，その形態により，順当であるか否か，幸せであるか否かの評価をする「当たり前」が当事者を苦しめていることがうかがえる。

　周囲の人が「当たり前」を当事者に押しつけ，当事者は「当たり前」ができない自分を責め，苦しむ。死の形態にかかわらず，その経験を表現して，自分の人生の中に位置づけ，亡くなった家族とともに生きていく現実を構成していくことがグリーフケアの課題になると考える。

　ワークをとおして，世間の「当たり前」が私たちの考えや会話に影響を与えていることが明らかになってきた。ワーク2の❶でみた聴き手とのやりとりをとおして構成された「ダメな自分」という名付けは，私たちにどんな影響を与えるのか。ワーク3で考える。

ワーク3　自分の名付けの影響を探る

ねらい

　名付けの影響を理解すること。

　何と呼ばれていたのか。呼び名をひとつ思い出す。そして，その呼び名が行動に与えていた影響を考える。たとえば，「おねえちゃん」「長男の嫁」「頑張り屋さん」等と呼ばれていたとき，どんな行動をとっていたのかを考える。

解説

　本ワークを実施すると親や周囲からの期待に応える自分に気づかれる方が多い。「いい子だから」「頑張り屋さんだから」「手がかからない子だから」と親に言われ、その名付けに沿った生き方をしてきたことに気づかれる方。「素直に育ってほしいから，○○と名付けたのよ」と事あるごとに言われ，反抗してはいけない，と思ってきたと語る方。「お姉ちゃんなのだから」と言われることで，多くを我慢してきたことに気づかれる方。妻とは怒りを出してはいけないもの，家庭を平穏に保つために耐えるものなのだと思って長年やってきました，と振り返る方。社長と呼ばれることで，その役割を自覚し，自分を律してきました，と語る方もいた。

　周囲とのやりとりをとおして，自分に求められる生き方が名付けで示され，その名付けのストーリーを生きてきた方が多いことがうかがえる。名付けは，私たちを規定するものになる。

　ワーク2では，聴き手とのやりとりをとおして，「ダメな自分」が名付けられる過程を確認した。ワーク3の振り返りから考察すると，「ダメな自分」と名付けた方は，「ダメな自分」のストーリーを生きることになる。

　聴き手の反応が話し手の名付けやストーリーにどのような影響を与えるのか。ワーク4で考える。

ワーク4　現実は人々の間で言語をとおして構成される
辛さは関係の中で変化する

ねらい

　現実が話し手と聴き手のやりとりで構成されていくプロセスを理解すること。
　患者は症例が少なく，治療法が確立してないがんに罹患。難しいといわれ

ていた手術に成功した。片肺を切除。手術で気管支を一度切断し元に戻していること、人工の横隔膜が入っていることで、身体に違和感がある。特に喉の辺りに違和感があり、食べ物が飲み込めない感じがしている。「食欲がない、辛い」と医師に訴えると、「手術は成功しました。食べて体力をつけなさい」と言われる。

- 患者の辛さはどのようなことだと考えるか。

- 医師側がどんな反応をすると、患者の辛さが変化すると考えるか。

解説

　患者の訴えに対して、医師は「所見はありません」と対応した。訴えを認めてもらえず、語りを封じられることで、患者は辛くなっている（図2参照）。「手術は成功しました。食べて体力をつければ元気になります」という説明は、誰が聞いても納得できるものである。納得はできるが、患者は、喉に違和感があり、今それができない。医師の言葉は、患者の違和感をケアするものではなかった。

　実は、この事例は筆者の患者体験が元になっている。医療現場では、科学的説明が優先されるが、筆者が求めていたのは、患者の経験している現実に関心をもってくれる存在であった。

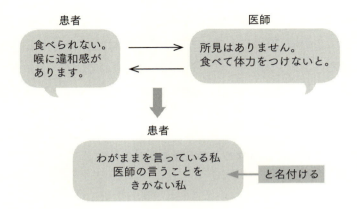

図2 「手術は成功しました。食べれば元気になります」という考えを押しつけられる対話

　辛いという訴えが医師に伝わらないことに加え，できないことを要求されることで，筆者はますます辛くなった。医師の言うことができないことで，筆者は，「わがままを言っているだけなのだろうか」と自分のことを捉えもした。毎回の診察で，違和感を訴えること，食欲がないことを伝えることに申し訳ない気持ちにもなった。

　難しい手術と抗がん剤治療が終わり，放射線治療に取り組んでいた筆者は，体重減少により，治療を続けるのが難しくなっていた。そこへ，放射線医が，体重を維持するために，栄養補給剤を勧めてくれた。結果的には，効果は得られなかったが，食べられないことを認めてくれ，一緒に方策を考えてくれたことが救いとなり，辛さが幾分和らいだ。さらに，放射線医は，胃の内視鏡の検査をオーダーし，筆者の食べられないという訴えに対して納得できる説明を提供する用意をしてくれた。

　胃の検査後，内視鏡医からは，身体的所見がないことが伝えられた。筆者の違和感の訴えに対しては「こんなに大変な手術をしたのだから，違和

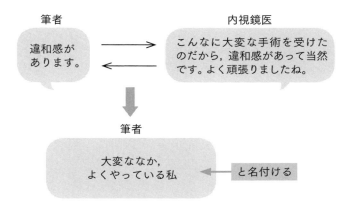

図3 違和感を認めてもらう対話により始まる新たなストーリー

感があるのは当然です。手術により内臓の位置がずれる方がいますが，あなたは大丈夫です。安心してください」と丁寧に説明してくれた。さらに，よく頑張りましたね，とのほめ言葉までいただき，その言葉に胸がいっぱいになり，涙が出た。わかってもらえることで，こんなにも気持ちが動くことを知った。辛さは，他者にそれを認めてもらうことで，変化する。小さくなるのある。

内視鏡医との対話により，「大変ななか，よくやっている私」と自分を名付けることができた。名付けが変わったことで，何か食べられるものはないか試してみよう，工夫してみよう，という気持ちになり，夫が用意してくれる食材の中から，食べられるものを探した。手術後とは，ゼロからのスタートなのだ，元には戻らない身体とどう折り合いをつけていくかを探ろう，と主体的に動けるようにもなった。違和感を認めてもらうことで，新たなストーリーが始まった（図3参照）。

共感と同じではという疑問

「こんなに大変な手術を受けたのだから，違和感があって当然です」という内視鏡医の言葉は，ロジャーズの共感と同じではないか，という質問を受けることがある。

アンダーソン（Anderson, 2001）の論文を参照し，野口（2002）は，ロジャーズの傾聴と共感とナラティヴ・アプローチのそれとでは，目指すものが違うと説明している。ロジャーズは「パーソナリティの成長」を促すために傾聴し共感する。傾聴と共感により，「かくありたい自分」と「ありのままの自分」とのずれが小さくなり，自己一致十分に機能できる人間になるというのがロジャーズの考え方である。

一方，ナラティヴ・アプローチでは，「いまだ語られなかったストーリー」を協働で創るために傾聴する。対話において，意味づけ，名付けを左右するのは相手の反応である。本節の例では，医師の反応の違いにより，筆者の名付けがどう変わったのかを説明した。話し手と聴き手との相互作用に

> **コラム**　　　　　　　　　　　　　　　　**ナラティヴの力**
>
> 　筆者は，自らの経験を教材として語る経験をもってきた。先の事例では，内視鏡医のひとことと，食べようという気持ちになったことを結びつけ，ナラティヴをつくり，内視鏡医に違和感を認めてもらうことで，主体的に動けるようになった，と聴衆の前で語ってきた。グリーフケアに携わる方々から，「辛さがよくわかりました」という反応をいただき，筆者のナラティヴは意味があるものとなり，筆者を支えるものになっている。他者に語ることで，筆者のナラティヴは確かなものになっていった。このワークショップ編を完成できたのも，「主体的に動ける私」という名付け（言葉）が私を方向づけたからといえる。内視鏡医のひとことが筆者の生きる現実を変えた，ともいえる。
> 　身内をがんで亡くされた方の中には，筆者の話を聞き「辛さを説明する言葉がみつかりました」と涙される方もいた。自らを語れること，語る言葉がみつかることは，その方の生きる現実を変えるものになる，と考える。

より，筆者は名付けられ，それが筆者を方向づけるものになった。新たな名付けにより，筆者は新たなストーリーを生きることになった。新たなストーリーを共に創り上げていくのがナラティヴ・アプローチである。

ワーク5　夫との死別後，苦しみを抱えてきた女性
苦しみの構成過程が明らかになり，これまで語られてこなかったストーリーが立ち上がってくるとき

　外在化とリフレクティングを用いたワークにより，それぞれのアプローチの違いを体験する。

　ワークでは，筆者が倉戸由紀子著『悲嘆の心理療法 ―― ゲシュタルト療法の立場から』（2013，丸善プラネット）所収の「夫との死別後30年目の悲嘆のワーク」の事例を読み込み，加えて，同様の事例のイメージを膨らませながら，クライエント役になった。

　筆者がイメージして行ったクライエント役に関する情報は以下のとおりである。

　初老の女性で，2人の成人した子どもがいる。夫は30代のとき，がんで他界。入院して1週間で急逝した。医師に「こんなになるまで，奥さんは何していたのか……」と言われ，傷ついた経験を持っている。酒好きだった夫がお酒を飲めなくなったので，「病院に行ってください」とクライエントが言うも，夫は「寝れば治る」と言い返していた。親戚も，「もう少し早く病院に連れていってあげれば」とクライエントの健康管理の不備を責め，夫を殺したのは自分なのか，夫を死なせるために結婚したのか，との思いをずっと持ち，苦しんできた。

　夫の死後，クライエントは子どもを育てるために働いてきた。子どもたちが自立するまでは頑張らなければとの思いで，生き抜いてきた。

ワークは，一人がクライエント役になり，他の参加者が順番でカウンセラー役を担当する。いくつかの質問をし，次のカウンセラー役と交代する。クライエント役は，カウンセラー役のスキルをトレーニングする役割を担うので，よい点，改善点をフィードバックする。

❶主として外在化を用いたワークの実際

ねらい

外在化の手法により，自責の念がどう形づくられ，それはクライエントにどのような影響を与えてきたかを理解すること。さらに，亡き人を日常に取り込み，関係性が肯定できる（Hedtke & Winslade, 2004）過程を体験すること。

ワークの前に

外在化とは

外在化とは，人々にとって耐えがたい問題を客体化または人格化するよう人々を励ます手法である。人と問題とを切り離し，問題だけを扱う（White & Epston, 1990）。野口（2002）は外在化について，「問題が個人の外部にあると考えると，専門家とクライエントは，その問題に対して共に戦う同志となることができる。そして，その同志という関係が確かなこころの支えとなる。すなわち，ケアが生まれる」と説明している。この手法では，悲しみ，怒り，不安等の感情や非難，喧嘩，嫉妬等の人間関係の問題を外在化し，その歴史をたどり，影響を明らかにし，問題の影響が少ないときを探る。問題の影響が少ないときがみつかったら，それが当事者にとってどんな意味があるかを質問し，新たなストーリーを創り，新たな名付けを共にしていく。

さらに，外在化の練習をしたい方は，221 ページの「外在化ワークシート」を用いて練習できる。

故人との会話

　そこにいない人を空椅子にイメージし会話を行うアプローチは，元々はゲシュタルト療法にて開発された。ホワイトは故人と「再会」する会話によって，グリーフの意味づけが変わる報告をしている（White, 1989）。ヘツキとウィンズレイドは，故人をいろいろな形で日常に取り込み，関係性を継続する方法を提示している（Hedtke & Winslade, 2004）。表現できなかった気持ちを故人に伝えることと，現在の自分を故人がみたらどんな言葉かけをしてくれるかを想像することで，当事者は，故人との新たな関係性をつくることが可能となり，グリーフケアを行う上で有効なアプローチである。

ワークの実際

　以下は，筆者がクライエント役を担当し，フィードバックをしながら行ったワークの例である。

　ワークの前には以下の注意点を伝えた。

・クライエントの最後の言葉から質問をつくる
・クライエントのキーワードを繰り返す
・問題の歴史と影響を探る
・「何がそうさせるのですか」といった外在化の質問を活用する
・問題に影響を受けていない部分をみつける
・故人との会話を行う

＊以下の逐語は，鈴木剛子先生主宰 グリーフ・カウンセリング・センター 第7期トレーニング・コースで行ったワークを基に作成した。

●外在化に慣れるためのワーク

自分が大切にしている考えを用いて外在化する会話の練習を行う。

[手順]
- 自分が大切にしている考えを思い浮かべる。
- ペアになっている相手に,自分が大切にしている考えを伝える。その考えは,たとえば,「人には親切にしなければならない」「世の中のために役に立ちたい」「親孝行をする人は幸せになれる」等,自分の生き方を支える考えである。

1● 歴史をたどる
　それはいつ頃からもっているもので,そして,どう発展してきたかを尋ねる。

[質問例]
「最初にその考えを意識したのはいつか」
「どんなときに現れるのか」「どんなときには現れないか」
「その考えが現れるときと現れないときの違いは何か」
「最近,その考えはどんな現れ方をしたのか」

2● 影響を明らかにする
　その考えが家族,仕事,人間関係,ものの見方,将来の夢,身体的健康,気分等に与えた影響を尋ねる。

[質問例]
「その考えは家族にどんな影響を与えたのか」
「その考えは仕事を行うときにどんな影響を与えているのか」
「その考えは人づきあいにどんな影響を与えているのか」
「その考えはあなたの気分にどんな影響を与えているのか」

3 ● 意味づける
その考えが話し手の人生に役立ってきたのか，あるいは制限するものだったのかを尋ねる。

質問例
「そのおかげでうまくいったことはあるのか」
「そのせいで困ったことはあるのか」
「ずっと大切にしてきたのは，その考えがあなたにとってどんな意味があったからか」

4 ● 振り返り
ワークを終えて気づいたことを共有する。

チェック・ポイント
「話し手は，この考えをもってうまれてきたのか」
「この考えは，その人らしさを創りあげる手助けとなっているのか」
「この会話は，あなた自身を理解する上で，どのような影響を与えたのか」

* 本ワークは，G. モンク，J. ウィンズレイド他著『ナラティヴ・アプローチの理論から実践まで』（国重浩一他訳，2008，北大路書房）を参考に作成した。

主として外在化を用いたワークの実際

［カ：カウンセラー，ク：クライエント，筆者：フィードバック］

- **カ1** ：今日はどんなことでおみえになったんでしょうか。
- **ク1** ：夫が亡くなって30年になります。お盆には子どもたちと一緒にお墓参りに行くのですが，お墓の前で，夫に伝えきれない思いがある気がして……。30年ずっと辛い思いが<u>心に刺さっている</u>感じで。

　　　　　　　　　　　　　——最後の言葉から，外在化の質問が始まる。

- **カ2** ：<u>心に刺さっている</u>。それはどんな大きさで，どんな感じなのでしょうか。
- **ク2** ：今も話していて，ドキドキして。苦しくなってくる感じです。この辺（胸の辺りを押さえながら）に<u>黒い塊がずっとある</u>みたいな。

　　　　　　　　　　　　　——黒い塊に関する質問が始まる。

- **カ3** ：<u>黒い塊</u>みたいな。黒い塊って，どのくらいの大きさの塊でしょうか。
- **ク3** ：そのときどきによって違いますが，今，ここでは，すごく大きくなっていて，私の多くを支配しています。それに支配されると，何もできなくなり，苦しくて息もできない感じです。
- **カ4** ：その感じは，一日のうちのいつ頃に強くなりますか。
- **ク4** ：晩ですね。
- **カ5** ：晩ですか。寝るときとか，お一人になるときに苦しい感じが大きくなるんですか。お子さんといらっしゃるときはどうですか。
- **ク5** ：一人のときはあれこれ考えて，苦しい思いがわいてきます。子どもたちといるときは，気が紛れてほっとするんです。

カ6　：苦しいときとほっとするときでは，どこの感覚がどういうふうに違うか教えていただけますか。

ク6　：一人のときは，息もできないくらい苦しくなることがありますけど，子どもたちといると，ふ〜っと肩の力が抜ける感じです。

カ7　：お子さんたちといらっしゃると，肩の力が抜ける感じなんですね。

筆者：クライエントの最後の言葉から質問を作ることで，焦点がぶれることなく面接が進んでいます。「心に刺さっている」というキーワードを捉え，その大きさや出現の頻度を尋ねる外在化の質問により，距離をもって苦しさを観察することが可能になりました。質問されることで，肩の力が抜けるときがあることにも気づきました。

カ8　：夜，一人であれこれ考えてしまうときに「これが苦しめているんだ」というものがおありですか。

──この質問により医師とのやりとりに焦点を当てることが可能になる。

ク7　：病院で「こんなになるまで，奥さん何してたのか」と医者に言われたことが<u>ひっかかっています</u>。

カ9　：30年ずっとその言葉が<u>ひっかかっていた</u>。

ク8　：そうです。「奥さんがしっかりしなければダメじゃない」とまで言われましたので。それがずっと<u>ひっかかっている</u>んです。30年，ずっと……

カ10　：当時，医師から言われたときの気持ちと30年経った今，そのことに対する気持ちは同じような感じですか。

ク9　：ずっと同じなんです。医師に「ご主人のがんは進行の早いがんだったから，早く病院に来たとしても，間に合わなかった」って，亡くなった後から言われたんです。でも，最初のひとことがずっと<u>ひっかかっていて</u>。私がもっと強く言っていればと，いつもそ

こに返ってくるんです。変わってないですね。
カ11：30年間，ずっと同じ重さで。
ク10：ずっと，ここに<u>突き刺さって</u>いるんです。
カ12：その思いをお子さんたちにお話しされましたか。
ク11：とんでもない。誰にも話したことがありません。今日，ここで初めて話すまで誰にも話せませんでした。
筆者　**ひっかかっていた思いを一人で抱えていたことに気づきました。**
ク12：夫を殺したのは私なんだという思いがあったので，自分のことを語ってもいけないと思っていました。
カ13：医師に言われたときの感じを教えてください。
ク13：「あなただめじゃない」って否定されている感じです。妻失格で，非があるという思いをずっともってきました。死なせるために結婚したのかとか，自分を責めるほうへと向かいます。

　　　　　　　——この語りからクライエントの自責の念を扱う。

カ14：ご自分を30年間も責めていらして，どんなにかお辛かっただろうとお察しいたします。ご夫婦のことで，一方的にどちらかお一人に責任があるとは思えません。「病院へ行ったほうがいいんじゃない？」「お酒はそこそこに」という言葉に対して，「寝れば治る」とおっしゃっていたとのことですが，ご主人が医療を求めず，シャットアウトされていたことについてどう思われますか。
ク14：丈夫な人だったんですよ。
カ15：そうですか。健康に自信がある方だったんですね。
ク15：ええ。医者知らず。
カ16：逆に医者が怖かったのかもしれないですね。何を言われるかと。
ク16：そう。本当に頑丈な人だったので。夫もまさかと思っていたし。

　　　　私も，夫がそこまで言うなら，って思ってしまったんですよね。
　　　　でもね……

カ17：連れていっていたら……と思われるんですよね。実際のところ，<u>連れていけたかしら，そういう方を</u>。

ク17：「おれは丈夫だから，大丈夫だ」と言って，がんとして拒否していたんです。

カ18：ご主人の様子が目に浮かぶようです。冷静に考えて，そういうご主人を変えられたと思いますか。

ク18：無理ですね。

カ19：人の考えを変えることは難しいと，つくづく思います。ご主人が考えを曲げなかったからといって，<u>奥様に責任があるとは思えないのですが</u>……

ク19：ああ，そうおっしゃっていただいて，夫にも頑固なところがあったという気がしてきました。私にはどうにもできなかっただろうという思いもわいてきました。

カ20：では，あらためて，医師があたかも奥様の責任のような言い方をしたことについて，どう思われますか。

ク20：強烈なひとことだったので，ずっと**突き刺さって**いましたが，そんなに重い意味をこめて言ったのではなかったんだろうなと思い始めています。きっと誰にでも言っていたのでしょうね。

　　　　　　　——責任という重荷をおろすことで，出来事の見方が変わる。

カ21：申し訳ないけど，これ以上できないという状態だったのかもしれませんね。「言いにくいのだけど，どうしようもないんだ」って言ってくれていたら……

ク21：ここまで苦しまなかったでしょうね。

筆者 ：医師にとっては何気ないひとことだったんだろうな，という思いをもつと，心に少しスペースができます。

カ22 ：ご主人にかけたい言葉はありますか。

ク22 ：あんなに早く逝ってしまって。私が病院に行ってくださいって言ったのに，「おれは大丈夫だ，大丈夫だ」って，まったく私の話も聞かないで，入院して1週間で亡くなるなんて，無責任だと思う。小さい子抱えて，一人でどうやって生きていこうかと……。私たちを残して逝ってしまうなんて，勝手だし，無責任。何にもしてくれなかった。あなたは家族のために何にもしてくれなかった。もっと守ってほしかった。本当に無責任。親戚は何か悪いことが起こると，私のことを責めて，いいことが起こると，ご主人が守ってくれたと言うし。私が一人でどれだけ大変な思いをしているかわかる？　あなたは無責任すぎる。一緒にあなたと子どもたちと暮らしたかったのに……。

　　　　　　　——表現できずにいた夫への思いを語ることで，
　　　　　　　これまで気づくことがなかった思いに気づく。

カ23 ：一緒に暮らしたかった。もし，ご主人とできることがあるとしたら，何をしたいですか。

ク23 ：家族4人で食卓を囲みたいですね。みんなで私が作った料理を食べたいなって，思います。

カ24 ：今，ご主人が奥様の言葉を聞かれたら，どんなふうにおっしゃるでしょうか。

ク27 ：「私も一緒に食べたかったよ。おまえと一緒に子どもたちを育てていきたかったよ」って言うかもしれません。

カ25 ：ご主人にまだ言いたことがあったら，続けてみてください。

ク25：あなたも無念だったのよね。でも，私，あなたがいない分，目の前のことを一生懸命やってきたの。見ててくれたかな。
カ26：それに対してご主人は何とおっしゃると思いますか。
ク26：「いつも見てるよ。おまえのことも子どもたちのことも，いつも，いつも見てるよ。遠くから見守っているから大丈夫だよ」って。
カ27：それを聞いたらお子さんたちは何と言うでしょうね。
ク27：子どもたちが，というよりも私が安心します。夫が見ていてくれるんだと思うと，ここ（胸の辺り）が楽になってきて。（はぁ，はぁと息を吐く）この安心感がほしかったんだなって。怖かったんです，一人で不安で。誰にも何にも言えなくて。（はぁ，はぁと息を吐く）身体が楽になりました。夫が見守ってくれているという安心感がこんなに私を楽にさせるのですね。この安心感があればやっていけそうだなという感じがします。

クライエントの苦しさを構成した対話

クライエントは，医師に「奥さん，こんなになるまで何していたの」と言われたことで，夫を殺したのは自分なのかと考えるようになる。さらに，親戚にも「もう少し早く病院に連れていってあげていればよかった」と言われ，夫を殺したのは自分なのかという考えが大きくなった。医師の言葉にも，親戚の言葉にも，夫の健康管理をするのは妻なのだ，という「当たり前」がうかがえる。カウンセラーとのやりとりをとおし，「当たり前」ができなかったことで自分を責めていたことに，クライエントは気づく。「病院へ行ってください」と夫に言った，と周囲に主張することはクライエントにはできなかった。もっと強く勧めなかった自分がいけなかった，という思いがあったからである。医師との対話，親戚との対話により，夫を殺

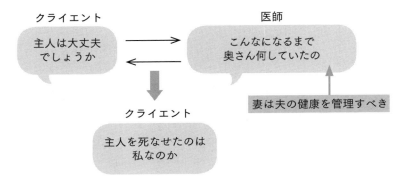

図4　医師とクライエントとの対話

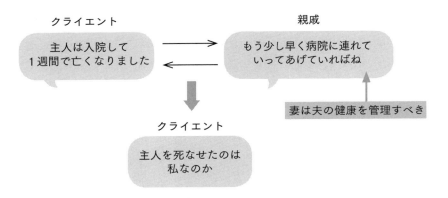

図5　親戚とクライエントとの対話

したのは自分なのだと思うようになったことを理解し，苦しさを説明できるようになる（図4，図5参照）。

クライエントが選んできた出来事――そこから生まれる名付けとストーリー

　いくつかの出来事を選択し，それに意味を与えることでストーリーが生まれる。クライエントはどんな出来事を選択し，そこにどんな意味を与え

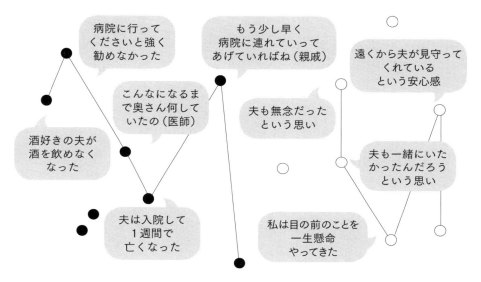

● は選ばれた出来事　○ は夫との関係性が肯定されて立ち上がってきた思い

図6　選ばれた出来事と新たに立ち上がってきた思い

ているのかを考える。クライエントは，主として医師との対話，親戚との対話から，図6の●印の出来事を選択し，夫の死に責任を感じ，「夫を殺した私」と名付け，そのストーリーを生きている。

日常生活では，子どもたちといるとほっとすること，3人で生きてきたことなどの出来事があるが，「夫を殺した私」のストーリーを生きているクライエントは，それらの出来事に気づかない。

押しつけられた名付けと責任を扱うこと

死にまつわる出来事では，その責任を誰かに押しつけがちである。故人の身近な人が責任を感じ，周囲も身近な人に責任を押しつけ，「〜した人」

という名付けが生まれる。ワークでカウンセラーは，責任の所在に疑問を投げかけ，対話を重ねた。クライエントにスペースが生まれ，突き刺さっていた医師の言葉を「誰にでも言っていたのであろう」と捉え，「夫を殺した私」から解放されることになった。

故人との対話で立ち上がってくるストーリーと，新たな名付け

　押しつけられた名付け（「夫を殺した私」）を手放すことで，クライエントは夫と向き合うことが可能になる。夫と再会し，夫への思いを伝えることで，図6の○印の思いが立ち上がってきた。夫との関係性が肯定され，夫が見守ってくれているという安心感をクライエントは身体で感じている。クライエントから新たな名付けは語られていないが，夫に見守られ，夫とともに生きるストーリーが始まった。

❷オープンダイアローグの肝である「リフレクティング」を取り入れた面接

　リフレクティングとは，トム・アンデルセンにより開発された手法である（Andersen, 1991）。カウンセラーとクライエント（あるいはクライエント家族）の面接をリフレクティング・チームが観察すること（①）→リフレクティング・チーム内のやりとりをクライエントが観察すること（②）を繰り返すことで面接が進められていく（図7参照）。リフレクティングにおいて，主カウンセラーがリフレクティング・チームに加わることは可能である。

　a，bは対等な関係である。②で，クライエントは当事者から降り，自分を眺める位置につく。観察者として，自分のことについて話し合っていること（リフレクティング・チーム内のやりとり）を聴き，浮かんできた思いや感じたこと，同意できないこと，改めて考えたこと等を，主カウンセラー

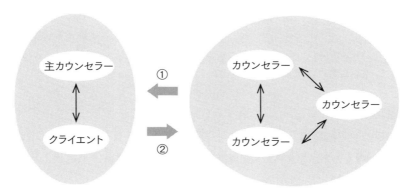

a：主カウンセラーと　　　　　　　b：リフレクティング・チーム
　　クライエントとの面接

図7　リフレクティングの構図

との面接で声にすることができる。

　主カウンセラーがクライエントと面接するときは，非言語にも注意を払う。個々のクライエントが，話したいと思うことを，話したいだけ話すことができるよう配慮する。「あなたはこうおっしゃいましね……。そうおっしゃったときに，考えていたことを，もう少しお話ししていただけませんか」という質問を，アンデルセン（Andersen, 1991）は簡単でありながら受け入れる価値のある質問であるとしている。❷のワークでは以上に述べたことに留意し，主カウンセラーは「いま，ここで」クライエントの中に起こっている気持ちや考えを探り，言語化してもらうことを大切にして面接を行った。

　リフレクティング・チームは，クライエントの話を聴いて，印象，感覚，個人的な関心を「私は……」という個人的な言葉として伝え，共有する。断定的な言い方・否定的な物言いは控える。「確信はないのですが……」「……かもしれませんが……」「……といったような考え方もできるでしょ

うか」などの話し方が用いられる（Andersen, 1991）。

 ＊ここで使われているリフレクティングという言葉は，フランス語のréflexionと同義で，「相手の言葉を聞きいれ，それについて考えをめぐらし，それを相手に返す」作業のことで，英語にある「反復」や「反映」を意味していない（Andersen, 1992）。

ワークの実際

 ❶のワークと同様に，クライエント役は，カウンセラーのよい点・改善点をフィードバックしながらワークを行う。以下は，筆者がクライエント役を担当し，フィードバックをしながら行ったワークの例である。主カウンセラーの他に3名のカウンセラーが同席し，リフレクティングに加わっている。

 ＊本ワークは，2016年からオープンダイアローグを面接に取り入れているグリーフサポートせたがやの勉強会で行ったワークの一部である。

リフレクティングを取り入れたワークの実際

[カ：カウンセラー，ク：クライエント，筆者：フィードバック]

カ1-1：いろいろな思いがあり，いらしてくださったと思います。ここでは，どのようなことをお話しになりたいですか。

ク1 ：夫はがんで30代で亡くなったんです。入院して1週間で……

カ1-2：1週間ですか。

ク2 ：お酒をよく飲む人だったのが飲まなくなって，「一回，病院行ってみたらって」ってずっと言っていました。しばらく様子をみていたんです。大きな病院に行って検査をしたら，私だけ呼ばれて，医者が「奥さん，こんなになるまで何してたの」って……

カ1-3：そんなふうに言われたんですか。

(中略)以下,カウンセラー1はクライエントが言った言葉を繰り返すことで,気持ちを受け止め,面接は進んでいった。クライエントの波長に合わせ,身体全体で苦しさや思いを受け止める聴き方で,クライエントは安心して話したいだけ話すことができた。カウンセラー2に交代して,さらに面接を続けた。

ワークの続き

カ2-1: うかがっていて,<u>私も苦しくなってきました</u>。おつらそうですが,お話しされて大丈夫ですか。

ク3: (しばらく沈黙)この苦しい思いを誰にも話せませんでした。

カ2-2: **誰にも話せないというのは,どんな感じでしょうか。**
　　　　　　　　　　　──クライエントの内側に目を向ける有効な質問。

ク4: 苦しかった。「あなたがもっと早く病院に連れていっていれば」「あんないい人を早く死なせて」と言ってくる人たちには何も言えず,一人で抱えるしかありませんでした。こうして,(はぁ〜)話すことができる場所があるなんて……。

カ2-3: 今思うと,何が言えなくさせていたのでしょうか。

ク5: 私が悪い,私が早く連れて行ってあげていれば,という思いです。私がもっと違うことをしていればという思いがずっとあって。

カ2-4: もっと違うこと?

ク6: もっと強く言えただろう,って。言ってはいたけど,強く言えなかった。(涙声になりながら)

カ2-5: 強く言いたかったんですか?

ク7: 私なりには言ったつもりだったんですね。で,夫は「大丈夫だ,大丈夫」って。

カ2-6: ご自分では強くおっしゃっていたけど,ご主人は取り合わなかった。

ク8 ：私にしてはかなり強く「医者に行ってください」って毎晩のように言っていたんです。

カ2-7：毎晩ですか。

ク9 ：ええ，ほぼ毎晩。もっと強く言わなければいけなかったと思うと苦しくて。

ここでカウンセラー3に交代。

カ3-1：30年苦しさを抱えながら，今日までどうしてやってこられたのかをうかがいたくなりました。

筆者 ：自分の力に目を向けるよりも，もう少し医者とのやりとり，親戚とのやりとりを深めてほしい感じです。毎晩，言っていた。でも，もっと強く言わなければいけなかった，と思うに至ったのには何があったのだろうかと関心がわいてきて，そこを深めたい感じです。

カ3-2：毎晩のように言っていたのに，<u>あれでは足りないって思われたことに関して，もう少しお話しいただけますか。</u>

　　　　　　　　　――クライエントの内側に目を向ける有効な質問。

ク10：私にしては精一杯だったんです。でも，もう少し強く言っていればと思わせたのはやはり医者の「何でもっと早く連れてこなかったんだ」という言葉と，親戚の言葉です。夫にはちゃんと言っていたんだよね，って今思い返しています。でも，まだ足りなかったと思うのは，あの言葉が刺さっているから。「奥さん何してたの」っていう医師の言葉が。「あんたの責任だ，あんたが殺したんだろ」って言っているようで。

チームによるリフレクティングに移る

[A, B, C, D：カウンセラー，ク：クライエント]

A ：クライエントが医師の言葉を言っているときに，大きな声になる感じがしました。
B ：実際，そういうふうに響いたのかもしれませんね。
C ：あれが30年もの長い期間，今言われたかのようになまなましく出てくるというのはどれだけ強く刺さってたのかなと思います。連れてきていさえすればこうは言われなかったのかという気持ちが，より自分を責めることにつながっているのかな。
D ：あんなふうに言われたら怖いですね。責任を負わされて。
A ：いくら夫婦といっても，人の命はその人のものじゃない？ 誰かが命を落としたことを自分のせいにされたら，それは苦しい。その医師は，人が他人の命を操れるとでも思ったのかしら。腹立だしさも感じる。
D ：想像ですが，医者が自分が何もできないという苛立ち，無力感を彼女にぶつけていたのではないかしら。
A ：病院に行く，行かないは本人の問題じゃない？ それなのに，奥さんの責任にするのはどうなのだろうと思う。人の命にかかわることは，他人が背負うことなんてできないのに。

　　　　　　＊　　　　　　＊

ク ：今のリフレクティングで医師のことを言ってくれたことで，こみあげてくるものがあります。自分でも夫の早すぎる死に責任を感じていたところに，医師のひとことが追い打ちをかけて，それで苦しんでいたことがわかりました。医師の無力感があの言葉に

なった，病院に行く，行かないは本人の問題であろう，というリフレクティングを聞き，これまで背負っていた責任の重荷を少しおろせた感じです。整理してまた1週間後に来たいです。

　　　　──リフレクティングにより，多くの視点を聴くことで，クライエントは押しつけられた名付け（「夫を殺した私」）から解放された。

注：通常，面接とリフレクティングは1〜2回交代する。

> [!NOTE] 解説

リフレクティング・チームの存在が可能にすること

カ2-1でカウンセラーが「私も苦しくなってきました」と言い，クライエントの土俵に踏み込めたので，クライエントは封印してきた出来事を語ることができた。リフレクティング・チームがいたから，カウンセラーは踏み込めたと考える。心理的距離の近さはクライエントに巻き込まれる危険を伴うものだが，それをつなぎとめるのがリフレクティング・チームである。そこで話したこと，したこと全てを参加者全員がみている。その透明性が参加者を守り，安心させる。

参考までに，グリーフサポートせたがやの実践では，リフレクティング・チームがいると安心できる，クライエントの話をよく聴くことができる，面接を楽しめるという感想をスタッフが述べている。

　　　　　　　　　　＊　　　　　　　　＊

当事者の現実がどのように構成されるのかを理解するため，言説，名付け，対話をキーワードに5つのワークを紹介した。外在化，故人との会話，リフレクティングについては，ワークにて，それらの実際にふれていただいた。リフレクティングは，オープンダイアローグへの関心の高まりとともに日本でも注目されている。グリーフケアにおいても，活用が期待されるアプローチであると考える。

●外在化ワークシート

1　小さな問題，痛み等の症状を選ぶ

2　その形，色，肌触り，イメージ（漢字1文字も可）等を描く

3　それに名前をつける

4　その問題の歴史と影響についてのインタビュー
　・いつから？
　・いつ出てくるのか？　特に問題が勢いを増すときは？
　・どうやってあなたを困らせるのか？　どんな影響が出ているのか？
　・その問題の得意技は？
　・その問題に対抗したときは？

5　その問題が苦手とすることについてのインタビュー
　・その問題の作戦がうまくいかないときは？
　・その問題はどんなことをされると嫌？
　・その問題が占領できていないのは何パーセント？　それはどんな部分？

6　ワークの後で，形，色，肌触り，イメージ（漢字1文字）の変化は？

7　新しい名前をつける

引用・参考文献

Andersen,T. (1991) *The reflecting team*. W.W.Norton & Company.［アンデルセン,T.／鈴木浩二監訳　2015　新装版　リフレクティング・プロセス——会話における会話と会話．金剛出版］

Andersen,T.(1992) Reflections on reflecting with Families. In McNamee,S. & Gergen.K.J. (Eds.) (1992) *Therapy as social construction*. Sage Publications.［マクナミ,S.・ガーゲン,K.J.／野口裕二・野村直樹訳　1997　ナラティヴ・セラピー——社会構成主義の実践．金剛出版］

Anderson,H. (2001) Postmodern collaborative and person-centered therapies: What would Carl Rogers say? *Journal of Family Therapy*, **23**(4).

Anderson,H. & Goolishian,H. (1988) Human systems as linguistic systems: Evolving ideas about the implications for theory and practice and practice. *Family Process*, 27 371-393.［アンダーソン,H.・グーリシャン,H./野村直樹訳 2013 協働するナラティヴ——グーリシャンとアンダーソンによる論文「言語システムとしてのヒューマンシステム」．遠見書房］

Anderson,H. & Goolishian,H. (1992) The client is the expert: A not-knowing approach to therapy. In McNamee,S. & Gergen.K.J. (Eds.), *Therapy as social construction*. Sage Publications.［マクナミ,S.・ガーゲン,K.J.／野口裕二・野村直樹訳　1997　ナラティヴ・セラピー——社会構成主義の実践．金剛出版］

Hedtke,L. & Winslade,J.(2004) *Re-membering lives: Conversations with the dying and the bereaved*. Baywood Publishing Company, Inc.［ヘツキ, L.・ウィンスレイド, J.／小森康永・石井千賀子・奥野光訳　2005　人生のリ・メンバリング——死にゆく人と遺される人との会話．金剛出版］

倉戸由紀子　2013　悲嘆の心理療法——ゲシュタルト療法の立場から．丸善プラネット

Monk,G., Winslade,J., Crocket,K., & Epston,D.(1997) *Narrative therapy in practice:The archaeology of hope*. Jossey-Bass［モンク,G. 他／国重浩一・バーナード柴訳　2008　ナラティヴ・アプローチの理論から実践まで．北大路書房］

野口裕二　2002　物語としてのケア．医学書院

野村直樹　2010　ナラティヴ・時間・コミュニケーション．遠見書房

矢原隆行　2016　リフレクティング——会話についての会話という方法．ナカニシヤ出版

Watzlawick,P., Bavelas,J., & Jackson,D. (1967) *Pragmatics of human communication: A study of interactional patterns, pathologies, and paradoxes*. W.W.Norton & Company,Inc.［ワツラウィック, P. 他／山本和郎監訳　1998　人間コミュニケーションの語用論．二瓶社］

White,M.(1989) Saying hullo again. In M.White, Selected papers. Dulwich Centre Publications.［ホワイト, M. 再会──悲哀の解決における失われた関係の取り込み. ホワイト, C.・デンボロウ, D. 編集／小森康永監訳　2000　ナラティヴ・セラピーの実践. 金剛出版］

White,M. & Epston,D.(1990) *Narrative means to therapeutic ends*. W.W. Norton.［ホワイト, M.・エプストン, D.／小森康永訳　1992　物語としての家族. 金剛出版］

謝辞

本稿は，2010〜2015年に麗澤オープンカレッジ，桜美林大学アカデミーで行った筆者担当分「グリーフカウンセリング講座」の一部をまとめたものである。受講生とのやりとりをとおして，アイデアをまとめることができた。ご参加いただいた皆様にお礼を申し上げる。グリーフ・カウンセリング・センター（鈴木剛子先生主宰）のトレーニング・コース受講生の皆様，グリーフサポートせたがやのスタッフの皆様のフィードバックも取り入れて内容を構成した。サンテコンサルの月例勉強会（大多和二郎先生主宰）では草稿を検討していただいた。記してお礼を申し上げる。

おわりに

　本書執筆中に，筆者は思いがけず，平成28年秋の叙勲において，「瑞宝中綬章」の栄に浴することになりました。これもひとえに，皆様方のご支援の賜物と感謝申し上げる次第です。

　このたびの受章は，地域貢献活動，ことにグリーフケアに専心してきたことを評価されたと考えています。ところで，勲記には，「日本国天皇は水野治太郎に瑞寶中綬章を授ける」とありまして，伝統の重みを感じ取ることができました。平成28年11月10日に国立劇場で伝達式があり，午後，宮中での拝謁式のため参内しました。私は右足が悪いために杖をついており，一番後方から拝謁しました。ところが陛下は，場内を一周されるために，うしろに回られました。間もなく杖をついている私の傍らで立ち止まり，「大丈夫ですか」と声をかけてくださいました。一瞬ではありましたが，陛下の弱い者への慈しみのこころに触れさせていただき，偶然とはいえ，私のやっていることの意味を再確認させていただく機会を得ました。

　両陛下は，私どもグリーフケアの実践者の先達であり，早くから災害地や戦地での慰霊にお努めになっておられます。私はその背中をはるかに拝見しながら，私なりの仕方で，学問的・実践的の両方の面で努力してまいりました。

　グリーフケアは，カタカナ文字で表記されるために，欧米文化の輸入品と誤解されてきましたが，痛みを抱える人々に寄り添い，そのこころを分かち合う営みは，むしろわが国の伝統でもあるといえましょう。伝統社会における家族間での支え合い，江戸時代の長屋での住民同士の支え合い，

職場での人々の支え合いなど，寄り添う関係は，日本中のどこでもみられる，ありふれた行為だったのでしょう。

　それが今，核家族になり，職場の雰囲気も変わり，地域の人々の意識も変わって，つながりや関わりが希薄になり，孤立する人々が増大し，どうしても特別な場を設置して，こころの痛みを分かち合うことが求められるに至りました。今後，ますます分かち合いを求める人々が増加の一途を辿ることを確信しております。

　東日本大震災後，宮城県亘理郡亘理町仮設住宅1,200名の方々のこころの痛みを分かち合うために，仮設住宅集会室には40回くらい入りましたし，また自分が住んでいる地域の人々の喪失体験者の相談室を，千葉県・埼玉県・茨城県・神奈川県内に12カ所開設し，大勢の人々の痛みに向き合ってきました。個人相談や電話相談者の総数は，すでに5,000人を超えております。今後も命ある限り，活動を継続してゆきたいと念じております。

　本書は前著『ナラティヴによるグリーフケアのためのグリーフカウンセリング』（NPO法人千葉県とうかつ「生と死を考える会」，2015）の続編ともいえる内容を盛り込んでいます。そのために，両著がつながっており，できるなら，姉妹編としてお読みくださると幸いです。

　最後に，本書執筆のために，妻淳子には，多大の迷惑をかけましたが，にもかかわらず，喜んで執筆に協力してもらったことに感謝する次第です。どの出版社から刊行するか迷っているときに，長男治久から推薦してもらった金子書房から出版されるに至ったことにも，感謝しています。

著者プロフィール

水野 治太郎(みずの じたろう)

麗澤大学名誉教授，NPO法人 千葉県とうかつ「生と死を考える会」理事長。平成28年秋の叙勲で瑞宝中綬章を授与される。

早稲田大学大学院法学研究科修士課程修了。米国レッドランズ大学ジョンストン・カレッジ心理学研究科客員研究員，東京女子医科大学大学院看護学研究科および上智大学で「人間学」「臨床人間学」を担当。現在も麗澤大学・桜美林大学・上智大学グリーフケア研究所等で社会人対象に「グリーフカウンセリング」講座担当中。さらに年に数回ワークショップを担当。専門は臨床人間学。25年以上にわたりグリーフケアを実践し，のべ6000名にのぼる人々のこころの痛みに向き合ってきた。宮城県亘理郡亘理町仮設住宅集会室に40回以上訪問。千葉県柏市内4カ所をはじめ千葉県で計7カ所，茨城県・埼玉県でそれぞれ1カ所，神奈川県下3カ所，総計12カ所もの「痛みを分かち合う集い」を開設中。

主要著書『ケアの人間学』(ゆみる出版)，『弱さにふれる教育』(ゆみる出版)，共編著『喪失を贈り物に変える』(久美出版)，『ナラティヴによるグリーフケアのためのグリーフカウンセリング——人生再学習読本』(NPO法人 千葉県とうかつ「生と死を考える会」発行)他多数。

生田 かおる(いくた かおる)

公認心理師，臨床心理士。横浜国立大学保健管理センター非常勤カウンセラー，青山学院大学非常勤講師。

横浜国立大学大学院教育学研究科修了。海上保安庁心の健康ネットワーク第三管区カウンセラー，グリーフサポートせたがや大人相談部門のスーパーバイザーも担当している。

ナラティヴ・アプローチの出自である家族療法のトレーニングをワシントン家族療法研究所(故J.ヘイリー，C.マダネス主宰)にて2年間受ける。自らの喪失経験を機にナラティヴ・アプローチを臨床に活用するようになる。分担執筆した著書に『ブリーフセラピー入門』(金剛出版)，『現代のエスプリ』No.483「青年期自立支援の心理教育」(至文堂)等がある。

ナラティヴ・アプローチによる
グリーフケアの理論と実際
人生の「語り直し」を支援する

2017年7月18日　初版第1刷発行　　　　　　　　　〔検印省略〕
2019年3月22日　初版第3刷発行

著　者	水野治太郎
	生田かおる（付・ワークショップ編）
発行者	金子紀子
発行所	株式会社 金子書房

〒112-0012　東京都文京区大塚3-3-7
TEL　03（3941）0111（代）　FAX　03（3941）0163
振替　00180-9-103376
http://www.kanekoshobo.co.jp

装幀・本文デザイン　青山 鮎
印刷　藤原印刷株式会社
製本　株式会社宮製本所

©Jitaro Mizuno & Kaoru Ikuta, 2017
Printed in Japan
ISBN 978-4-7608-3037-4 C3011